IT-gestütztes Prozessmanagement im Gesundheitswesen

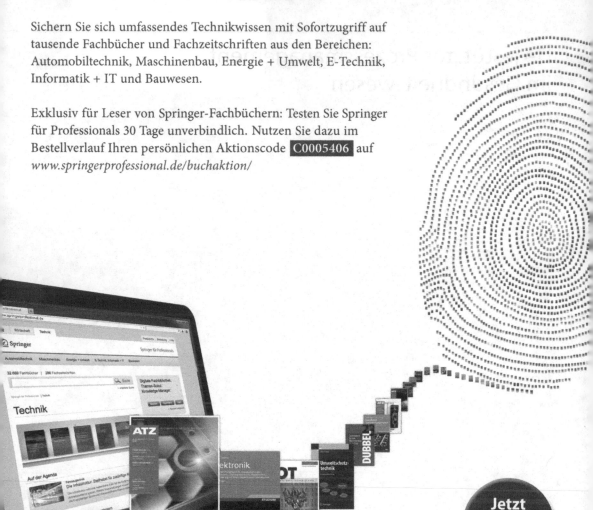 

Andreas Gadatsch

IT-gestütztes Prozessmanagement im Gesundheitswesen

Methoden und Werkzeuge für Studierende und Praktiker

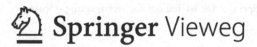 Springer Vieweg

Prof. Dr. Andreas Gadatsch
Sankt Augustin
Deutschland

ISBN 978-3-658-01165-9   ISBN 978-3-658-01166-6 (eBook)
DOI 10.1007/978-3-658-01166-6

Die Deutsche Nationalbibliothek verzeichnet diese Publikation in der Deutschen Nationalbibliografie; detaillierte bibliografische Daten sind im Internet über http://dnb.d-nb.de abrufbar.

Springer Vieweg
Springer Vieweg ist eine Marke von Springer DE. Springer DE ist Teil der Fachverlagsgruppe Springer Science+Business Media
www.springer-vieweg.de

Vorwort

Die IT-gestützte Optimierung von Geschäftsprozessen ist in privatwirtschaftlichen Unternehmen und auch in großen Teilen der öffentlichen Verwaltung eine Daueraufgabe. Die Gesundheitsbranche hat bedingt durch starke Strukturveränderungen seit einiger Zeit ebenfalls damit begonnen, sich mit dieser Thematik ernsthaft auseinanderzusetzen. Die seit einiger Zeit in der Branche etablierte Fachmesse für IT-Einsatz im Gesundheitswesen „conhIT" sieht zumindest sehr positive Signale (Krankenhaus IT-Journal Extra, 2013).

Einige innovative Einrichtungen konnten bereits erste Erfolge erzielen. Ein typisches Beispiel ist die Einführung der mobilen Visite in einigen Krankenhäusern. Allerdings ist die Situation noch sehr unterschiedlich. Der Nachholbedarf der im Vergleich zu anderen Branchen ist enorm.

Noch sieht man in vielen Krankenhäusern Ärzte und Assistenzpersonal mit papierbestückten Transportwagen im Rahmen der Visite durch die Krankenhausflure gehen, obwohl moderne IT-Lösungen diesen Prozess deutlich effizienter unterstützen könnten. Die „Zettelwirtschaft" und die damit verbundenen Medienbrüche sind im deutschen Gesundheitswesen leider noch allgegenwärtig und auch für die Patienten sichtbar! Vielfach werden bereits erfasste Daten erneut erfasst, Medienbrüche sind oft noch an der Tagesordnung.

Die ins Arbeitsleben strebende Generation der „Digital Natives" ist es gewohnt, mit modernen mobilen Geräten (insbesondere derzeit Smartphones und Tablet-PCs, in Zukunft Datenbrillen u. a.) Geschäftsprozesse jeglicher Art (Bestellungen, Urlaubsbuchungen, Terminvereinbarungen) abzuwickeln. Eine Terminvereinbarung beim Arzt erfolgt jedoch wie seit jeher, mündlich in der Praxis oder fernmündlich per Telefon. Arztbriefe werden per Computer erstellt und auf Papier ausgedruckt, per Post übermittelt und beim Empfängerarzt wieder eingescannt. Das Papierrezept ist nach wie vor der Standard, obgleich andere Länder bereits mit elektronischen Rezepten erste Erfolge erzielen.

Auch im Bildungsbereich sind deutliche Veränderungen sichtbar geworden. Sowohl auf Bachelor-, als auf Masterebene werden erste Studiengänge und Vertiefungsfächer angeboten, die sich mit der Implementierung betriebswirtschaftlicher Methoden im Gesundheitswesen beschäftigen. Zahlreiche Hochschulen bieten Weiterbildungen oder Spezialisierungen im Gesundheitsmanagement bis hin zur Bachelor- und Masterausbildung an.

Das Buch möchte insbesondere Betriebswirtschaftslehrestudenten mit dem Schwerpunkt Gesundheitsmanagement, Studierenden der Gesundheitswirtschaft aber auch an betriebswirtschaftlichen Fragestellungen interessierten berufstätigen Mitarbeitern der Gesundheitsbranche wie Medizincontrollern, Qualitätsbeauftragten, Ärzten, Pflegern, Case-Managern und vergleichbaren Berufsgruppen einen Einblick in die Methoden des IT-gestützten Prozessmanagements geben, die für das Gesundheitswesen prinzipiell geeignet sind. Anhand von zahlreichen Beispielen wird gezeigt, dass Erfahrungen aus anderen Branchen durchaus in angepasster Form im Gesundheitswesen eine sinnvolle Verwendung finden können.

Sollten Sie Verbesserungsvorschläge oder Korrekturen haben, können Sie den Autor gerne unter der Mailadresse *andreas.gadatsch@h-brs.de* erreichen. Ebenso können Sie bei Interesse die Abbildungen des Buches als Foliensatz anfordern.

Sankt Augustin im April 2013   Andreas Gadatsch

Inhaltsverzeichnis

Über den Autor

Prof. Dr. rer. pol. Andreas Gadatsch (Jahrgang 1962), abgeschlossene Berufsausbildung zum Industriekaufmann, Erwerb der Fachhochschulreife, Studium der Betriebswirtschaftslehre mit Schwerpunkt Controlling und Rechnungswesen bei Prof. Dr. Elmar Mayer an der Fachhochschule Köln, Abschluss als Diplom-Betriebswirt. Anschließend nebenberuflich Studium der Wirtschaftswissenschaften an der FernUniversität Hagen, Abschluss als Diplom-Kaufmann, Promotion als externer Doktorand zum Dr. rer. pol. am Lehrstuhl für Wirtschaftsinformatik bei Prof. Dr. Hermann Gehring.

Von 1986 bis 2000 in verschiedenen Unternehmen als Berater, Projektleiter und IT-Manager tätig. 2000 Berufung als Professor für Betriebswirtschaftslehre, insb. Organisation und Daten-verarbeitung an die FH Köln. 2002 Wechsel auf die Professur für Betriebswirtschaftslehre, insb. Wirtschaftsinformatik am Fachbereich Wirtschaftswissenschaften der Hochschule Bonn-Rhein-Sieg in St. Augustin. Seit 2011 Leiter des berufsbegleitenden Masterstudiengangs Innovations- und Informationsmanagement.

Die Hauptarbeitsgebiete in Forschung und Lehre sind Informationsmanagement (insb. IT-Controlling), Geschäftsprozessmanagement (insb. Prozessmodellierung) sowie Einsatz betriebswirtschaftlicher Informationssysteme (insb. ERP-Systeme). Die aktuellen Projekte beschäftigen sich mit Nachhaltigkeit im Informationsmanagement (Sustainability ICT, Green IT) sowie dem IT-gestützten Prozessmanagement im Gesundheitswesen.

Mitveranstalter der jährlichen Sankt Augustiner Controlling-Fachtagungen und verantwortlich für IT-Controlling und Prozesscontrolling. Mitveranstalter des Praxisforums BPM&ERP und des IT-Radars für BPM&ERP mit Prof. Dr. Ayelt Komus, FH Koblenz. Mitherausgeber einer Schriftenreihe zur anwendungsorientierten Wirtschaftsinformatik. Lehraufträge an weiteren Hochschulen (u. a. FHS Sankt Gallen). Gutachter für die Hochschul-Akkreditierungsagentur AQAS, die Deutsche Forschungsgesellschaft (DFG) sowie die Österreichische Forschungsförderungsgesellschaft (FFG). External Examiner an der Dublin City University, Faculty for Engineering & Computing.

Mitherausgeber der wissenschaftlichen Zeitschrift WIRTSCHAFTSINFORMATIK und Autor von weit über 200 Publikationen, davon 15 Bücher, z. T. in mehreren Auflagen und Sprachen erschienen.

Kontakt:
E-Mail: andreas.gadatsch@h-brs.de
Internet: www.wis.h-brs.de/gadatsch

Abbildungsverzeichnis

Grundlagen

1

1.1 Gesundheitswesen in Deutschland

Das deutsche Gesundheitswesen hat in den letzten Jahren zahlreiche Änderungen erfahren, die auch zu umfangreichen ökonomischen und technologischen Initiativen und Veränderungen in den Arztpraxen, Krankenhäusern, Apotheken und weiteren Einrichtungen geführt haben. Die Bedeutung der Gesundheitsbranche wächst angesichts der demografischen Veränderungen, steigenden medizinischen Möglichkeiten und Anforderungen der Patienten stetig.

Betrachtet man die Vielzahl der bisherigen Gesundheitsreformen (vgl. Tab. 1.1) wird die Dynamik der Veränderungen in dieser Branche schnell offenbar. Der alleine aus den Reformen resultierende Wettbewerb zwischen den Beteiligten (Krankenkassen, Krankenversicherungen, Krankenhäuser, Ärzte, Apotheker, Pharmaindustrie u. v. m.) hat dazu geführt, dass immer mehr betriebswirtschaftliche Ideen und Methoden Eingang ins Gesundheitswesen gefunden haben.

Typische Begriffe aus der Betriebswirtschaftslehre, wie Kostenmanagement, Controlling, Deckungsbeitrag, Effizienz, Prozessmanagement und Prozessoptimierung rücken zunehmend in das Blickfeld von Krankenhausmanagern, Ärzten, Pflegekräften und anderen Verantwortlichen der Gesundheitsbranche. Aber auch Aspekte der Wirtschaftsinformatik werden in Begriffen wie Telemedizin, E-Health oder Mobile Visite sichtbar.

Die große Herausforderung dieser Entwicklung besteht darin, betriebswirtschaftliche Optimierungskonzepte mit den klassischen Prinzipien des Gesundheitswesens wie dem Solidarprinzip der Gesetzlichen Krankenversicherung in Einklang zu bringen. Manche Konzepte lassen sich vergleichsweise einfach übertragen (z. B. die Rechnungslegung einer als Aktiengesellschaft geführten privaten Klinik). Manche Ansätze, wie z. B. die Steuerung des Produktportfolios einer Arztpraxis oder einer Klinik unterliegen anderen Kriterien. Nicht rentable Produkte (z. B. Behandlungsmethoden) können nicht einfach aus dem Leistungskatalog gestrichen werden, wie es ein ausschließlich nach wirtschaftlichen Kriterien arbeitendes Unternehmen machen könnte.

A. Gadatsch, *IT-gestütztes Prozessmanagement im Gesundheitswesen*,
DOI 10.1007/978-3-658-01166-6_1, © Springer Fachmedien Wiesbaden 2013

Tab. 1.1 Gesundheitsreformen in Deutschland. (Quelle: Spiegel (Hrsg.): Die bisherigen Gesundheitsreformen, http://www.spiegel.de/wirtschaft/soziales/0,1518,696427,00.html, Abruf am
24.05.2010)

Jahr	Fokus/Gesetz	Zentrale Änderungen
1977	Kostendämpfungsgesetz	Erste *Zuzahlungen* bei Arznei-, Verbands- und Heil-mitteln (eine Mark pro Medikament)
1983	Zwei Reformen	Einführung einkommensabhängiger Beiträge für Rentner
1989	Gesundheitsreformgesetz	Erhöhung *Eigenbeteiligung* bei Arzneimitteln, im Kran-kenhaus und beim Zahnersatz, Bagatellmedikamente fallen aus dem Leistungskatalog, Einführung von Fest-beträgen für Arzneimittel
1993	Gesundheitsstrukturgesetz	*Budgetierung* der Leistungsausgaben für eine begrenzte Zeit, Erneute Erhöhung der Selbstbeteiligung bei Arz-nei- und Verbandsmitteln
1997	GKV Neuordnungsgesetze	Erneute *Erhöhung der Selbstbeteiligungen* an den Kosten für Arznei- und Heilmittel, Krankenhausauf-enthalte und Fahrten etwa vom Krankenhaus. Jüngere Jahrgänge bekommen geringere Zuschüsse beim Zahnersatz
1999	Solidaritätsstärkungsgesetz	Nach langer Zeit steigende Leistungen, z. B. sinkende Zuzahlungen für Patienten. Erneute Einführung von *Budgets für Arzthonorare*, Krankenhäuser und Arzneimittel
2004	Modernisierung der Gesetzlichen Krankenversicherung	Einführung einer *Praxisgebühr* von zehn Euro pro Quartal, verschreibungsfreie Medikamente werden nicht mehr erstattet, Selbstbeteiligung bei erstattungs-fähigen Arznei- und Heilmitteln beträgt zehn Prozent der Kosten (maximal zehn Euro)
2005	Ende der paritätischen Finanzierung	*Wegfall eines Traditionsprinzips* das seit 1883 in Deutschland bestand (Arbeitnehmer und Arbeitgeber trugen je 50 % der Beiträge), Versicherte müssen nun einen Sonderbeitrag in Höhe von 0,9 % zahlen
2009	Gesundheitsfond	*Einheitliche Festlegung des Krankenkassenbeitrags.* Beiträge und Steuerzuschüsse fließen in den Gesund-heitsfond. Krankenkassen erhalten Pauschalen je Ver-sicherten. Einführung der *Krankenversicherungspflicht* für jeden Bürger

Im Gesundheitswesen steht der Ausgleich von Leistungen und Beiträgen innerhalb
einer Solidargemeinschaft im Vordergrund. Der Ausgleich findet statt zwischen Gesunde
und Kranken, Personen mit hohen und niedrigen Einkommen, Alten und Jungen, Berufstätigen und Rentnern sowie Ledigen und Familien. Die Beitragshöhe ist unabhängig von
der individuellen Anspruchshöhe des Einzelnen (vgl. Stock et al. 2008).

Beim Äquivalenzprinzip der Privaten Krankenversicherung steht dagegen die Gleichwertigkeit der Dinge im Vordergrund. Dies bedeutet, dass Leistungen und Gegenleistungen sich entsprechen müssen. Die Beitragshöhe orientiert sich an den individuell in Anspruch genommenen Leistungen (vgl. Stock et al. 2008). Dieses Konzept orientiert sich deutlich stärker an betriebswirtschaftlichen Konzepten, da die Leistung im Normalfall eine Gegenleistung voraussetzt.

1.2 Lernen von der Industrie

Die Absicherung von Gesundheitsrisiken kann über verschiedene Instrumente sichergestellt werden

- Steuerfinanzierte Gesundheitsdienstleistungen,
- Beitragsbasierte soziale Pflichtversicherungen,
- Freiwillige Krankenversicherungen (vgl. Bender 2008).

In Deutschland werden alle genannten Komponenten genutzt wobei die gesetzliche Krankenversicherung (GKV) Versicherungsschutz für den größten Bevölkerungsanteil bietet. Die private Krankenversicherung (PKV) sichert überwiegend Selbständige und Beamte ab. Privaten Krankenversicherungsunternehmen müssen aufgrund ihrer Rechtskonstruktion ohnehin wirtschaftliche Aspekte beachten und betriebswirtschaftliche Methoden einsetzen. Die Investitionen in Krankenhäuser und Großgeräte erfolgen weitgehend steuerfinanziert über das duale Prinzip der Krankenhausfinanzierung (vgl. z. B. Szabados 2009). Angesichts dieser Komplexität des Gesundheitswesens stellt sich daher die Frage, ob trotz der unterschiedlichen Zielrichtungen für die verschiedenen Einrichtungen des Gesundheitswesens die Frage des „Lernens von der Industrie" relevant ist.

Aktuelle Situation Betrachtet man beispielsweise die aktuelle Situation in deutschen Krankenhäusern, so kann man einige Kernpunkte festhalten:

1. **Patienten:** Der demografische Wandel führt zu tendenziell älteren und kränkeren Patienten, die gleichzeitig einen steigenden Anspruch an die medizinische Versorgung haben. Aus betriebswirtschaftlicher Sicht bedeutet dies einen wachsenden Markt mit anspruchsvolleren Kunden.
2. **Personal:** Bei vielen Einrichtungen des Gesundheitswesens herrscht ein hoher Wettbewerb um gutes Personal vor. Gleichzeitig steigen die Ansprüche der Mitarbeiter an einen modernen und zeitgemäßen Arbeitsplatz. Dies zwingt die Gesundheitsunternehmen moderne personalwirtschaftliche Instrumente einzusetzen.
3. **Technologie:** Die Zunahme der Vielfalt und Leistungsfähigkeit der IT-Systeme zwingt zu mehr Integration bei gleichzeitiger Standardisierung. Gleichzeitig wachsen die

Chancen auf Prozess- und Qualitätsverbesserungen in einem noch nie gekannten Ausmaß (Beispiel: Mobile Visite im Krankenhaus mit Tablet-PCs).

4. **Markt:** Die Krankenhäuser bieten zunehmend auch ambulante Leistungen an und stehend stärker untereinander im Wettbewerb. Zudem werden Zusatzleistungen außerhalb des Kerngeschäftes angeboten (z. B. Hotelservices für Angehörige, Akquisition und Betreuung internationaler Patienten).

Bislang sind die Potenziale moderner betriebswirtschaftlicher Methoden und aktueller Informationstechnologien im Gesundheitswesen im Vergleich zu anderen Dienstleistungsbranchen bei weitem nicht ausgeschöpft. Aktuelle Erhebungen zeigen deutliche Defizite beim Einsatz industrieller Methoden, insbesondere sehr gut erkennbar am Mangel integrierter und mobiler Informationssysteme, die verschiedene Akteure des Gesundheitswesens (Arzt, Krankenhaus, Rettungsdienste u. a.) bundesweit vernetzen (vgl. z. B. Reinke et al. 2012, S. 91).

Nach wie vor werden medizinische Informationen sehr häufig über Papierdokumente übermittelt (Rezept, Arztbrief, Überweisung u. a.). Angesichts der technischen Möglichkeiten des 21. Jahrhunderts stellt dies eine enorme Innovationsbremse dar.

Literatur

Bender, K.: Soziale Sicherung im Krankheitsfall für Mittellose. Krankenversicherung. **60**(1), 22–24 (2008)

Reinke, Ph.; Breitschwerdt, R.; Kleine Sextro, M.; Thomas, O.: Mobile Anwendungen für eine mobile Medizin. HMD 287. 84–92 (2012)

Stock, S.; Redaèlli, M.; Lauterbach, K.W.: Wörterbuch Gesundheitsökonomie. Stuttgart, (2008)

Szabados, T.: Krankenhausplanung. Berlin, (2009)

Geschäftsprozessmanagement im Gesundheitswesen

2

2.1 Zentrale Begriffe

Die Aufgabe des Geschäftsprozessmanagements umfasst primär die Dokumentation, Analyse und Restrukturierung von Geschäftsprozessen. Häufig wird hierfür auch die englische Bezeichnung „Business Process Management" verwendet. Im Gesundheitswesen wird gelegentlich vom „Clinical Process Management" gesprochen. Allerdings hat sich der Begriff bislang nicht durchgesetzt. Geschäftsprozesse bzw. auch Prozesse sind betriebliche Arbeitsabläufe einer Organisation. Im Gesundheitswesen sind medizinische und nicht-medizinische Prozesse zu unterscheiden. Das Workflow-Management umfasst die computerunterstützte Ausführung von Geschäftsprozessprozessen. Daher spricht man in diesem Zusammenhang auch von Workflows, also von zumindest teilautomatisierten Geschäftsprozessen.

Relevanz des Prozessmanagements Die Bedeutung des Prozessmanagements steigt seit Jahren stetig an und hat auch viele Organisationen des Gesundheitswesens erreicht. Dies wird z. B. bereits durch entsprechende Internetauftritte von Organisationen des Gesundheitswesens dokumentiert. So definiert das Caritas Krankenhaus St. Josef, Regensburg Prozessmanagement auf seiner Webseite wie folgt: „Das Prozessmanagement erfasst alle klinischen Prozesse, die zur Patientendurchlaufsteuerung beitragen" (Caritas 2012).

Ein zentraler Aspekt des Geschäftsprozessmanagements ist die Dokumentation der Geschäftsprozesse. Im Gesundheitswesen hat sich hierfür der Begriff des „Behandlungspfades" für die medizinischen Prozesse etabliert. Die Beschreibung der Prozesse kann mit spezialisierten Modellierungswerkzeugen durchgeführt werden. Ein Beispiel für einen medizinischen Prozess (Behandlungspfad zur Behandlung von Patienten mit chronischen Rückenschmerzen) ist in Abb. 2.1 dargestellt.

A. Gadatsch, *IT-gestütztes Prozessmanagement im Gesundheitswesen*,
DOI 10.1007/978-3-658-01166-6_2, © Springer Fachmedien Wiesbaden 2013

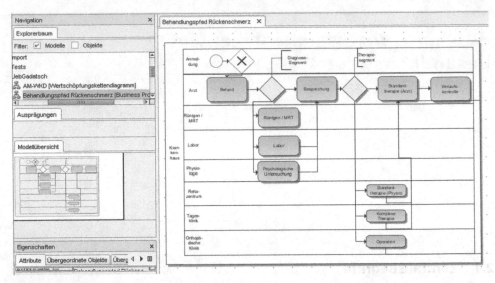

Abb. 2.1 Behandlungspfad zur Behandlung von Patienten mit chronischen Rückenschmerzen. (Prozess aus: Hellmann und Eble 2010, S. 126)

2.2 Integriertes Geschäftsprozess- und Workflowmanagements

Das Prozessmanagement umfasst die Planung, Steuerung und die computerunterstützte Ausführung von Arbeitsabläufen in Organisationen unterschiedlicher Branchen. Aufgrund des starken Bezugs zu geschäftlichen Arbeitsabläufen spricht man auch vom Geschäftsprozessmanagement. Die Begriffe können daher synonym verwendet werden.

Ziele Die Ziele des Prozessmanagements sind vielschichtig. Hervorzuheben sind insbesondere folgende Zielsetzungen:

- Steigerung der Prozessqualität (u. a. Reduktion von Beschwerden, Fehlern, Nachbehandlungen),
- Senkungen der Prozessdauer (Durchlaufzeiten, Behandlungszeiten)
- Erhöhung der Mitarbeiter- und Patientenzufriedenheit,
- Senkung der Prozesskosten (Behandlungskosten, Verwaltungsprozesskosten u. a.),
- Steigerung der Unternehmenserlöse und Gewinne.

Das Prozessmanagement erfordert einen Abgleich mit der Unternehmensstrategie, um zielorientierte Prozesse zu implementieren. Es umfasst im Idealfall die integrierte Gestaltung von medizinischen und nichtmedizinischen Arbeitsabläufen sowie deren technischer Umsetzung mit geeigneten Kommunikations- und Informationssystemen. Aktuelle Beispiele im Gesundheitswesen diskutieren beispielsweise den Einsatz von mobilen Endgeräten (Tablets, Smartphones) zur dezentralen Nutzung medizinischer und administrativer Informationen.

Abb. 2.2 Konzept Geschäfts-
prozess- und Workflow-
management. (Gehring und
Gadatsch 1999)

Gestaltungsmöglichkeiten Der allgemeine Gestaltungsrahmen des in Abb. 2.2 dargestellten Konzeptes umfasst auf mehreren Ebenen die Entwicklung der Unternehmensstrategie (strategische Ebene), das Prozess-Management (fachlich-konzeptionelle Ebene), das
Workflow-Management (operative Ebene) sowie die Anwendungssystem- und die Organisationsgestaltung (vgl. Gehring und Gadatsch 1999, S. 70).

Strategische Ebene Auf der strategischen Ebene werden die Geschäftsfelder einer Orga-
nisation (z. B. das vorgesehene Behandlungsspektrum, Zusatzleistungen wie Hotelbetrieb,
Catering für externe Kunden wie Schulen) einschließlich der hier wirksamen kritischen
Erfolgsfaktoren (z. B. Standort, Wettbewerbssituation, Mitarbeiterqualifikation, regionale
Entwicklung, politische Einflüsse) betrachtet. Hierbei werden die wesentlichen Prozesse
der Organisation identifiziert, geplant und anhand von strategischen Kennzahlen (z. B.
Bettenbelegungsgrad, Behandlungsdauer, Fallzahlen) gesteuert und überwacht.

Fachlich-Konzeptionelle Ebene Auf der darunter liegenden fachlich-konzeptionellen
Ebene erfolgt die Ableitung der Prozesse im Rahmen des Prozess-Managements. Das
Prozess-Management stellt hierbei die Verbindung zur Geschäftsplanung auf der strategischen Ebene dar, während das Workflow-Management aus der Perspektive der darunter
liegenden Ebene der operativen Durchführung die Anwendungssystem- und Organisationsgestaltung einbindet.

Das Prozess-Management umfasst die Phasen der Prozessabgrenzung, der Prozessmodellierung und der Prozessführung im Lebenszyklus von Prozessen.

- Die **Prozessabgrenzung** beschreibt die Prozessentstehung. Ausgehend von den Ge-
  schäftsfeldern und strategisch orientierten Spezifikationen wie Produktsortiment (z. B.
  Behandlungsformen, Zusatzleistungen), kritische Erfolgsfaktoren usw. sind in einem
  schrittweisen Vorgehen Prozesskandidaten für jedes Geschäftsfeld abzuleiten, zu bewerten und schließlich die zu modellierenden und zu implementierenden Prozesse auszuwählen.

- In der **Prozessmodellierung** geht es darum, Realitätsausschnitte aus einem Geschäftsfeld unter einer fachlich-konzeptionellen Perspektive in einem Geschäftsprozess abzubilden. Die Prozessmodelle dienen der Visualisierung, Dokumentation und als Analysebasis für Prozessverbesserungen. Abhängig von den strategischen Zielen einer Organisation kann dabei z. B. eine völlige Neugestaltung von Abläufen oder eine weitergehende Automatisierung bestehender Prozesse angestrebt werden.
- Auf die Phase der Prozessdurchführung bezieht sich die **Prozessführung**. Ihr Ziel ist die Ausrichtung der Prozesse an vorzugebende Messgrößen für den Prozesserfolg, die so genannten Prozess-Führungsgrößen. Die Führungsgrößen der Prozesse sind, gegebenenfalls in mehreren Schritten, aus den kritischen Erfolgsfaktoren der jeweiligen Geschäftsfelder abzuleiten. Je nach dem Umfang ermittelter Erfolgsdefizite und aufgetretener Schwachstellen im Projektablauf usw. kann eine Re-Modellierung bzw. ein erneutes Durchlaufen der Prozessmodellierung erforderlich sein.

Die Messung des Prozesserfolgs durch Führungsgrößen kann beispielsweise anhand folgender Kennzahlen erfolgen:

- Prozessqualität: Anzahl von Beschwerden durch Mitarbeiter oder Patienten, Fehlerquote
- Prozessdauer: Durchlaufzeit von Patienten (von der Aufnahme, über die Behandlung und Abrechnung bis zur Begleichung der Abrechnung)
- Mitarbeiterzufriedenheit: Fluktuationsrate des Personals, Anzahl von Verbesserungsvorschlägen

Operative Ebene Die Automatisierung der Abläufe ist ein wesentlicher Erfolgsfaktor für die Qualitätssteigerung und Kostensenkung von Prozessen. Workflows sind automatisierte oder teilautomatisierte Arbeitsabläufe, für die eine detaillierte Spezifikation erforderlich ist, die von einem Workflow-Management-System interpretierbar ist. Das Workflow-Management wird in die Phasen Workflowmodellierung, Workflowausführung und Workflowmonitoring unterteilt.

- Die **Workflowmodellierung** folgt der Geschäftsprozessmodellierung. Hierbei wird der modellierte Geschäftsprozess um Spezifikationen erweitert, die für eine automatisierte Prozessausführung unter der Kontrolle eines Workflow-Management-Systems notwendig sind.
- Anschließend erfolgt die Phase der **Workflowausführung**; sie beinhaltet die Erzeugung von Prozessobjekten und den Durchlauf von Prozessobjekten entlang der vorgesehen Bearbeitungsstationen unter der Kontrolle eines Workflow-Management-Systems.
- Das **Workflowmonitoring** dient der laufenden Überwachung des Prozessverhaltens real ablaufender Prozesse. Die Gegenüberstellung von Prozess-Führungsgrößen und entsprechenden Prozess-Ist-Größen auf der Ebene von Workflows liefert Informationen darüber, ob ein Prozess bereits richtig eingestellt ist oder ob korrigierende Eingriffe vorzunehmen sind.

Wegen der Unterstützungsfunktion für das Geschäftsprozessmanagement werden Workflow-Management-Systeme auch zunehmend als BPM-Systeme (Business-Process-Management-Systeme) bzw. Prozessmanagement-Systeme (PMS) bezeichnet (z. B. Dadam et al. 2011, S. 364).

Organisationsgestaltung Die Organisationsgestaltung ergänzt als allgemeine Unterstützungs-funktion das Prozessmanagement durch die Festlegung von Rollen, Richtlinien, Standards und konkreten Arbeitsanweisungen für die Mitarbeiter. Daneben stellt es Methoden für das Wissens- und Change Management zur Verfügung und steuert das Management der personellen und sonstigen Ressourcen.

Anwendungssystemgestaltung Die Anwendungssystemgestaltung stellt der Organisation prozessorientierte Informationssysteme bereit. Diese können individuell für das Unternehmen entwickelt werden oder als Standardsoftware in adaptierter Form zum Einsatz kommen.

Beispiel

Ein einfaches Beispiel für die Optimierung von Geschäftsprozessen im Gesundheitswesen ist die elektronische Rechnungseingangsbearbeitung eines Krankenhauses. Die Klinikum Region Hannover GmbH hat im Bereich des Finanz- und Rechnungswesens eine Digitalisierung der Kreditorenbuchhaltung durchgeführt. Sämtliche Eingangsrechnungen für die 13 Häuser werden an zentraler Stelle unmittelbar nach deren Eingang eingescannt und weiterverarbeitet. Der Versand, die Freigabe und die Buchung der Rechnungen erfolgen ausschließlich elektronisch (Klinikum Hannover 2012)

Weitere Anwendungsbeispiele ergeben sich aus den zum Teil gesetzlich vorgeschriebenen Prozessen. So ergeben sich nach § 301 SGB V zahlreiche Abrechnungsprozesse zwischen Krankenhäusern und den Krankenkassen (vgl. Abb. 2.3), die teilweise computerunterstützt werden.

Prozessmanagement erfordert vor allem bereichsübergreifendes Denken und Handeln und wird in Industriebetrieben seit vielen Jahren erfolgreich zur Beschleunigung von Prozessen genutzt. Hierbei kommt der Standardisierung und Planung von Prozessen eine besondere Bedeutung zu. Vergleicht man Prozesse im Gesundheitswesen mit Industrieprozessen, so werden zahlreiche Unterschiede und Gemeinsamkeiten sichtbar (vgl. Kleemann 2010):

- **Standardisierbarkeit**: In der Industrie sind Standardprozesse grundsätzlich vollständig modellierbar. Als Beispiel lassen sich Prozesse wie Auftragserfassung, Montageplanung, Versandabwicklung o. ä. anführen. Sonderfälle wie die Nacharbeit von fehlerhaften Produkten, Rückrufaktionen, Betriebsstörungen sind ebenfalls standardisierbar, weisen aber größeren Freiheitsgrade auf. Dieses Konzept lässt sich auch im Gesundheitswesen anwenden, denn auch hier sind Standardbehandlungen modellierbar und werden als

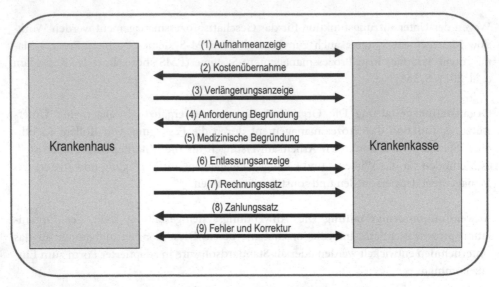

Abb. 2.3 Abrechnungsprozesse im Krankenhaus. (Johner und Haas 2009)

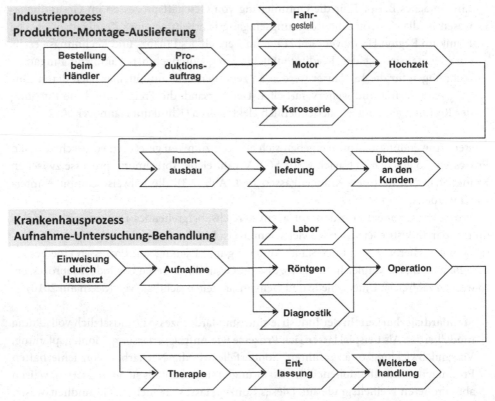

Abb. 2.4 Prozessvergleich Industrie-Krankenhaus. (Kleemann 2010, S. 267–276)

Klinischer Behandlungspfad (Clinical Pathway) bezeichnet. Sonderfälle wie Notfall-behandlungen können in gewissen Grenzen „vorbereitet" werden, auch hier sind im Einzelfall größere Freiheitsgrade erforderlich.

- **Planbarkeit**: Der Einsatz von Planungsinstrumenten ist in Industrieprozessen (Ver-triebs- und Absatzplanung, Produktionsplanung, Versandplanung u. a.) nicht wegzu-denken. Die hierfür über Jahrzehnte hin entwickelten Planungsinstrumente greifen in gewissen Grenzen (Absatz- und Produktionsplanung), dennoch sind Störungen ex-terner Art möglich (z. B. ein Vulkanausbruch mit Störungen in den internationalen Lieferketten). Ebenso sind Planungen im Gesundheitswesen sinnvoll und machbar. So ist z. B. das Patientenaufkommen in gewissen Grenzen anhand von Veranstaltungska-lendern, Wetterdaten, Pollenkalender u. a. Instrumenten planbar.

Vergleicht man zentrale Prozesse in der Industrie (Produktion-Montage-Auslieferung) mit dem Behandlungsprozess im Krankenhaus (Aufnahme-Untersuchung-Behandlung) stellt man fest, dass durchaus Ähnlichkeiten sichtbar werden (vgl. Abb. 2.4).

In beiden Fällen gibt es eine Kunde-zu-Kunde bzw. Patient-zu-Patient Orientierung sowie mehrere wertschöpfende Schritte.

2.3 Rollen und Beteiligte im Prozessmanagement

Das Prozessmanagement ist durch das Zusammenspiel einer Vielzahl von Beteiligten in unterschiedlichen Rollen auf verschiedenen Ebenen einer Organisation, wie z. B. einem Krankenhaus oder einer Krankenversicherung geprägt. Die Übersicht in Abb. 2.5 ordnet zunächst in abstrakter Form die wesentlichen Beteiligten in das zuvor vorgestellte Konzept des Geschäftsprozess- und Workflow-Managements ein.

Die Darstellung in Abb. 2.5 unterscheidet in Rollen des Tagesgeschäfts (run the busi-ness) und Veränderungsprojekte (change the business) zur Verbesserung von Wirtschaft-lichkeit und Qualität. Nachfolgend werden die Rollen in Anlehnung an Schmelzer (2005) zunächst branchenunabhängig beschrieben. Sie müssen in Organisationen des Gesund-heitswesens in spezifischer Form ausgeprägt und auf konkrete Stellen übertragen werden. Je nach Situation in der der Einrichtung kann dies auch die Schaffung neuer Stellen erfor-dern, da im Gesundheitswesen häufig noch die Voraussetzungen für vergleichbare Tätig-keiten geschaffen werden müssen.

Chief Process Officer (CPO) Der Gesamtverantwortliche für die Prozesse einer Einrich-tung ist der Chief Process Officer (CPO). Er stellt die unternehmensweite Dokumentation, Restrukturierung und Monitoring der Prozesse, Beratung der Organisationseinheiten und die prozessorientierte Gestaltung der Organisation sicher. Er ist nicht für einzelne Prozesse verantwortlich, sondern für das wirkungsvolle Zusammenspiel im Hinblick auf den Kun-den bzw. Patienten.

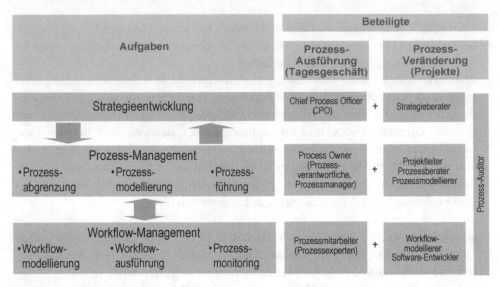

Abb. 2.5 Rollenzuordnung im Prozessmanagement

Seine Aufgaben ergeben sich unmittelbar aus dem in Abb. 2.2 vorgestellten Rahmenkonzept des Prozessmanagements:

- Prozess-Dokumentation: Identifikation und Beschreibung relevanter Prozesse,
- Prozess-Analyse: Betriebswirtschaftlich orientierte Simulation und Schwachstellenanalyse der Geschäftsprozesse,
- Prozess-Optimierung: Identifikation, Definition, Einleitung und Überwachung von Prozessverbesserungen,
- Prozess-Monitoring: Laufende Analyse der Prozess-Kennzahlen im Hinblick auf die Erreichung der Prozessziele,
- Entwurf und Implementierung einer prozessorientierten Unternehmensorganisation einschließlich der Übertragung der Prozess-verantwortung an sog. Prozesseigentümer (Process Owner),
- Sicherstellung von prozessorientierten IT-Systemen durch Zusammenarbeit mit dem CIO (Chief Information Officer).

Die tatsächliche Besetzung der CPO-Rolle fällt auch in der Industrie unterschiedlich aus. Nicht alle Unternehmen verfügen über entsprechende Stellen innerhalb ihrer Organisationsstruktur (vgl. BPM&O 2011). Häufig verbleibt die Rolle des CPO daher faktisch bei der Unternehmensleitung. In kleineren Organisationen kann dies noch als pragmatisch sinnvolle Lösung gelten. In größeren Unternehmen führt dies jedoch dazu, dass die Unternehmensleitung diese Aufgabe nicht im ausreichenden Maße durchführen kann. Große Einrichtungen des Gesundheitswesens wie große Krankenhäuser, Krankenkassen und – Versicherungen sind hier ebenfalls betroffen.

Process Owner/Prozessmanager Eine weitere zentrale Rolle übernehmen die Process Owner, auch Prozessverantwortliche oder Prozessmanager genannt. Sie verantworten die laufende operative Steuerung und Restrukturierung der Prozesse. Sie legen Prozessziele fest und stellen deren Erreichung durch eine zielorientierte Führung der prozessunterstützenden Mitarbeiter sicher. Die Rolle des Process Owners ist in Unternehmen häufig etabliert. 80 % der Unternehmen gaben im Rahmen einer Umfrage an, diese Rolle besetzt zu haben (vgl. BPM&O 2011). Für das Gesundheitswesen liegen dem Verfasser bislang keine aussagekräftigen Angaben vor, es ist aber zu vermuten, dass die Situation dort eher unterhalb des genannten Levels liegt.

Prozessmitarbeiter/Prozessexperten Die Prozessmitarbeiter bzw. Prozessexperten (z. B. eine Krankenschwester, ein Mitarbeiter in der Administration) unterstützen die erstmalige Implementierung des Geschäftsprozessmanagements und Weiterentwicklung bei größeren Restrukturierungen der Prozessorganisation.

Prozessberater Die Ausführung von konzeptionellen und ausführenden Projektarbeitspaketen, z. B. Wissenstransfer von Best-Practices für Prozesse, Einsatz von speziellen Methoden und Werkzeugen, Durchführung von Workshops und Schulungen ist der Schwerpunkt der Tätigkeit interner oder meist externer Prozessberater.

Prozess-/Workflowmodellierer Die IT-gestützte Erhebung, Modellierung und Spezifikation von Prozessen, Detailanalyse und Optimierung sowie die Implementierung in Workflow-Management-Systeme (WFMS) ist die Aufgabe der Prozess- bzw. Workflowmodellierer.

Projektleiter Projektleiter rekrutieren sich aus internen oder externen Fach- oder Führungskräften und übernehmen die Leitung des Geschäftsprozessmanagement-Projektes, die Abstimmung der Projektziele, die Sicherstellung der Zielerreichung, die Führung der Projektmitarbeiter und die Information des Managements. Idealerweise hat der Projektleiter im Gesundheitswesen medizinische, betriebswirtschaftliche sowie informationstechnische Grundkenntnisse.

Prozessauditor Dem Prozessauditor obliegt die unabhängige Prüfung von Arbeitsabläufen und Prozessveränderungsprojekten. Er sollte als externe oder unabhängige interne Rolle eingebunden werden.

Anwendung der Rollen im Gesundheitswesen Die Adaption der oben beschriebenen Rollen ist im Gesundheitswesen nicht ganz einfach, da die organisatorischen Strukturen der Industrie nicht immer leicht mit denen des Gesundheitswesens zu vergleichen sind. Eine Möglichkeit der Gegenüberstellung zeigt die Tab. 2.1, in der typische Rollen der Industrie denen eines Krankenhauses mit mehreren Kliniken gegenübergestellt werden.

Im Gesundheitswesen müssen Ärzte, Pfleger, Verwaltung und Management eng zusammenarbeiten um zu möglichst medienbruchfreien und durchgängigen Arbeitsabläufen zu

Tab. 2.1 Rollenabgleich Industrie versus Krankenhaus. (Quelle: In Anlehnung an: Wiehr 2009)

Industrie		Krankenhaus	
Rolle	Aufgabe	Rolle	Aufgabe
Unternehmer/ Vorstand/ Geschäftsführer	Leiter eines Unternehmens	Chefarzt	Leiter einer Klinik
Bereichsleiter	Leiter einer Geschäftseinheit	Chefarzt	Leiter einer klinischen Abteilung oder eines medizinischen Institutes
Abteilungsleiter	Prozess-verantwortlicher	Oberarzt	Leiter einer Station, Operative Prozessverantwortung
Gruppenleiter	Teil-Prozess-verantwortlicher	Stationsarzt	Operative Prozessausführung und Überwachung

kommen. Das erfordert ein systematisches Prozessmanagement im vorgestellten Sinne. In einigen Fällen kann dem deutschen Gesundheitswesen attestiert werden, dass Prozessmanagements bereits Eingang in die Praxis gefunden hat, wenngleich es nicht der Standardfall ist. Eine Studie des Beratungshauses KPMG zur Besetzung der Rollen des Prozessmanagements in der in deutschen Krankenkassen kommt zum Ergebnis, dass Abteilungsleiter und Gruppenleiter am häufigsten als Prozessverantwortliche agieren. Bei kleinen Kassen fungiert oft der Vorstand als Prozessverantwortlicher (vgl. KPMG 2009, Seite 18).

Beispiel

Prozessmanagement fokussiert nicht die aufbauorganisatorische Hierarchie und entsprechende Abteilungsgrenzen sondern betrachtet den Prozess als Ganzes. Eine Stellenanzeige im Bonner Generalanzeiger zeigt dies beispielsweise deutlich auf (Generalanzeiger Bonn, 13.10.2012). So wird die Aufgabe für eine OP-Leitung in einem Krankenhaus mit folgenden Aufgaben beschrieben: Effektives und Effizientes Personalmanagement sowie die Organisation und Koordination der Arbeitsabläufe und Prozesse im OP sowie der Zentralsterilisation einschließlich dem Materialmanagement. Als Qualifikation wird eine Pflegekraft mit OP-Weiterbildung und Leitungserfahrung gesucht.

2.4 Organisatorische Gestaltungsmöglichkeiten

Die organisatorische Gestaltung des Prozessmanagements entscheidet stark über den Erfolg in der Praxis. Prozessmanagement kann als klassische Prozessorganisation, als Stabsstelle innerhalb einer Funktionalorganisation oder als Matrixorganisation eingerichtet werden (vgl. Abb. 2.6).

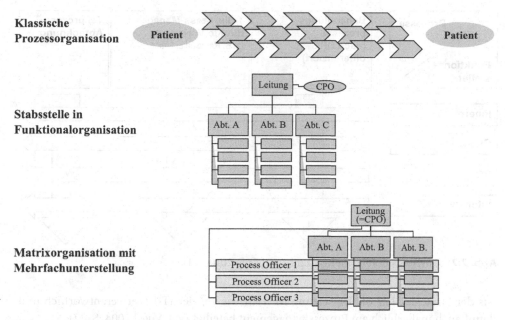

Abb. 2.6 Möglichkeiten der organisatorischen Einbindung

Bei der klassischen Prozessorganisation werden die Tätigkeiten so angeordnet, dass sie sich möglichst an den Anforderungen des Kunden ausrichten. Das Ziel besteht darin, die Schrittfolge der Prozesselemente so anzuordnen, dass der Prozess reibungslos abgewickelt werden kann. Hierbei müssen disjunkte Prozesse organisatorisch voneinander getrennt werden. Die Trennung kann nach Problemhaltigkeit (z. B. Routinefälle, Mittelschwere Problemfälle, Komplexe Fälle, vgl. Zapp 2010, S. 106) oder nach Kundengruppen (Privatpatienten, Kassenpatienten, Auslandspatienten, vgl. Zapp 2010, S. 106) erfolgen.

Übergreifende Aktivitäten (z. B. gemeinsamer Einkauf, Wäscherei, IT-Unterstützung, Labore, Bereitstellung Großgeräteservices, Abrechnung) müssen abgestimmt werden, da es keine funktionale Verantwortung gibt. Die Prozessverantwortlichen übernehmen die unternehmerische Verantwortung für den Gesamtprozess. Eine Herauslösung von Gesamtprozessen aus dem Unternehmen ist bei dieser Variante vergleichsweise einfach.

Die Stabsstelle innerhalb einer Funktionalorganisation koordiniert die Prozesse innerhalb der Organisation. Die funktionale Ausgestaltung der Organisation bleibt jedoch bestehen, d. h. prinzipiell ist die Organisation nach Funktionen ausgerichtet Der Wirkungsgrad dieses Modells gilt daher im Hinblick auf das Prozessmanagement als nicht besonders hoch, kann jedoch bei geeigneten Führungsqualitäten durchaus eine Alternative zur Prozessorganisation sein.

Ein älteres Praxisbeispiel der Deutschen Angestellten Krankenkasse (DAK) zeigt, dass bereits früh im Gesundheitswesen Konzepte des Prozessmanagements adaptiert wurden. Die Aufgaben des als Stabsstelle in der Unternehmensentwicklung eingerichteten CPO der DAK umfassen die „Moderation, Dokumentation und Ableitung von konkreten Projekten

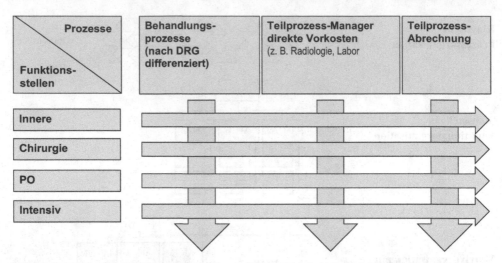

Abb. 2.7 Matrixorganisation im Krankenhaus. (Zapp 2010, S. 111)

aus der Strategie". Für die Umsetzung ist nach wie vor der IT-Leiter verantwortlich und damit auch maßgeblich am Prozessmanagement beteiligt (vgl. Vogel 2004, S. 22).

Die Matrixorganisation kennt zwei Gliederungsprinzipien: Tätigkeit bzw. Funktion und Objekt bzw. Prozess, nach denen die Tätigkeiten ausgerichtet werden. Hierbei übernehmen Prozessmanager (Process Officer) die Aufgaben, Prozesse entlang der Funktionalorganisation möglichst so auszurichten, dass die Prozesse reibungslos funktionieren. Sie konkurrieren mit den Leitern der funktionalen Abteilungen um Ressourcen, was gewollt zu permanenten Abstimmungskonflikten führt. Der Erfolg des Prozessmanagements hängt stark von den Führungsfähigkeiten der Prozessmanager ab.

Ein Beispiel für den Einsatz der Matrixorganisation wurde von Zapp (2010, S. 111) veröffentlicht. Es ist in Abb. 2.7 wiedergegeben.

2.5 Prozessdenken verdrängt Funktionsdenken

Die ersten Ansätze des Prozessmanagements gehen in die frühen 1990er Jahre zurück, als der Managementansatz „Business Reengineering" von Hammer und Champy und anderen Autoren entwickelt wurde (vgl. Hammer 1990 sowie Hammer und Champy 1994). Die Entwicklung fand zunächst in der Unternehmenspraxis im Bereich der Unternehmensberatung statt. Eine wissenschaftliche Bearbeitung des Themas erfolgte erst später. Diese Entwicklung führte zu einer Reihe von Weiterentwicklungen des ursprünglichen Konzepte (vgl. z. B. Hess und Österle 1995, S. 128), was zu zahlreichen synonym verwendeten Begriffen geführt hat: „Business Process Reengineering", „Geschäftsprozessoptimierung", „Business Engineering", „Business Redesign".

Hammer und Champy definieren Business Reengineering als eine „Radikalkur" für das Unternehmen. Sie verstehen hierunter ein grundlegendes Überdenken der Unter-

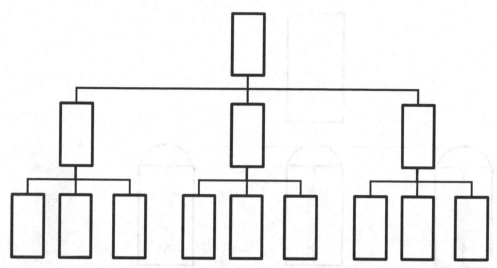

Abb. 2.8 Traditionelle funktionale Organisation. (Nach Osterloh und Frost 2003, S. 28)

nehmensprozesse um Verbesserungen in den Kosten, der Qualität, des Services, der Zeit und insbesondere des Kundennutzens bzw. im Gesundheitswesen des Patientennutzens zu realisieren. (vgl. Hammer und Champy 1994, S. 48). Business Reengineering ist nach Ihrer Ansicht keine Optimierung bestehender Abläufe, sondern ein Neubeginn, d. h. ein völliges Überdenken der organisatorischen Strukturen (vgl. Hammer und Champy 1994, S. 12). Sie umreißen ihr Konzept mit den Schlüsselworten „fundamental", „radikal" und „dramatisch".

Das Schlüsselwort „fundamental" steht für die Beantwortung der Frage nach dem Sinn und Zweck jeder Tätigkeit im Unternehmen und auch der Art und Weise, wie sie durchgeführt wird. Der Begriff „radikal" steht für den Willen, auch grundlegende Veränderungen durchzusetzen, d. h. es geht nicht um die Optimierung von bestehenden Abläufen (vgl. auch Hammer und Champy 1994, S. 12), sondern um einen Neubeginn, d. h. ein völliges Überdenken der Strukturen. Kurz gesagt bedeutet Business Reengineering die Beantwortung der Frage „Wie würden wir vorgehen, wenn wir noch einmal ganz von vorne beginnen würden?". Das Management hat die Aufgabe, neu zu überdenken, wie die Arbeit durchgeführt und wie die Organisation strukturiert werden würde, wenn sie noch einmal ganz von vorne begänne (vgl. Robbins 2001, S. 33).

Prozessmanagement unterscheidet sich erheblich vom klassischen funktionalen Denken, wie es z. T. im Gesundheitswesen häufig noch gelebt wird. Die traditionelle funktionale Organisation (vgl. Abb. 2.8) ist hierarchisch aufgebaut. Funktionen (z. B. Beschaffung) werden für alle Produkte des Unternehmens durchgeführt. Unterschiedliche Anforderungen an den Prozess (z. B. im Gesundheitswesen Privatpatienten, Kassenpatienten) werden nicht als Gesamtprozess verstanden, sondern in der jeweiligen Organisationseinheit berücksichtigt. Sie stellt in kleinen Organisationen kein Problem dar, weil die Mitarbeiter untereinander bekannt sind und das Zusammenwirken in den Prozessen kennen. In

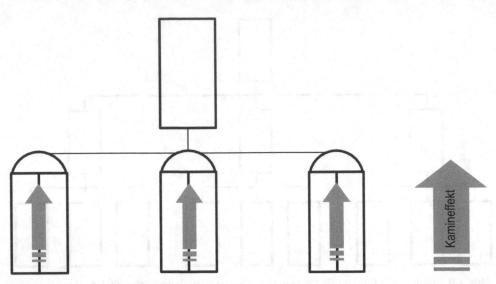

Abb. 2.9   Kamineffekt. (Nach Osterloh und Frost 2003, S. 29)

wachsenden Organisationen sehen viele Bereichsmanager dagegen häufig nur noch Ihren eigenen Aufgabenbereich. Eine Gesamtsicht fehlt.

Die Abteilungen werden mit steigender Unternehmensgröße zu Silos, also groß, dick und fensterlos (vgl. Osterloh und Frost 2003, S. 28 f.). Das funktionale Denken der traditionellen Organisation führt zu internen Blockaden und zu „Informations-Silos", bei denen die interne Kommunikation zwischen den Abteilungen nur noch über das formale Berichtswesen stattfindet. Es kommt zum „Kamineffekt": *Bereichsübergreifende Probleme werden mangels horizontaler Kommunikation zur Unternehmensführung „hochgezogen"* (vgl. Abb. 2.9 in Anlehnung an Osterloh und Frost 2003, S. 29).

Business Reengineering beschäftigt sich in erster Linie mit den Arbeitsabläufen im Unternehmen und versucht diese aus Sicht des Geschäftes, d. h. aus Kundensicht (bzw. Patientensicht) zu optimieren. Business Reengineering versucht die traditionelle funktionsorientierte Denkweise zu überwinden. Es beschränkt sich nicht nur auf das Marketing, die Untersuchung und Behandlung, die Abrechnung oder das Rechnungswesen, sondern es beschäftigt sich intensiv mit den Kunden bzw. Patientenbedürfnissen. Demzufolge werden die Prozesse an den Anforderungen der Patienten ausgerichtet und nicht an den Anforderungen der Organisation.

Bei der prozessorientierten Organisation wird versucht, Prozessziele und die hieraus resultierenden Ergebnisse in den Vordergrund zu stellen. Diese sind im Regelfall nicht deckungsgleich, wenn man sie mit den Abteilungs- bzw. Bereichszielen und -ergebnissen der klassischen Funktionsorganisation vergleicht (vgl. Abb. 2.10).

Blockaden verhindern Prozessmanagement   In vielen Kliniken ist die aktuelle Situation noch von funktionalem Denken mit Abteilungsblockaden und entsprechenden Struktu-

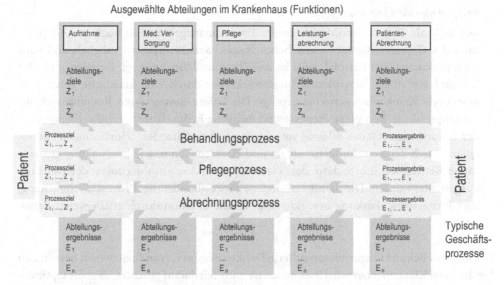

Abb. 2.10 Zielkonflikte bei funktionaler Organisation im Gesundheitswesen

ren geprägt. Stellvertretend für derartige Situationen kann folgendes Zitat aus der Krankenhauspraxis angeführt werden: „Krankenhausprozesse enden nach wie vor häufig an Abteilungsgrenzen und die Organisationshoheit liegt in Bereichen, die nur bedingt über prozessuale Gesamtkompetenz verfügen." (Thoss 2013, S. 15).

Zusammenfassung des prozessualen Ansatzes Die Besonderheiten des Prozessmanagements im Vergleich zum funktionalen Ansatz im Gesundheitswesen lassen sich wie folgt zusammenfassen:

- Prozesse durchdringen die gesamte Organisation (Krankenhaus, Arztpraxis, u. a.) während Funktionen nur Teilbereiche betreffen,
- Prozesse enden nicht an der Abteilungsgrenze (Chirurgie, Röntgen, Abrechnung, u. a.), sie müssen ganzheitlich betrachtet und gesteuert werden,
- der Kunde (Patient) steht immer im Mittelpunkt des Prozesses, an seinen Anforderungen werden alle Teilschritte ausgerichtet,
- der Patient (Kunde) ist der Abnehmer der „Leistung", er bezahlt letztlich das Gehalt der Mitarbeiter, damit ist er auch der Maßstab für die zu erbringenden Leistungen,
- interne Abnehmer aus anderen Abteilungen sind ebenfalls wie „Kunden" zu betrachten, die Prozesskette setzt sich aus vielen „Kunden-Lieferanten-Beziehungen" zusammen,
- Funktionsdenken ist die Optimierung der einzelnen (eigenen) Abteilung oder Einzelfunktion,
- Prozessdenken ist die Optimierung des Gesamtprozesses im Sinne des Interesses des gemeinsamen Kunden (Patienten).

Beispiel Klinikum München

Der radikale Einsatz von Methoden des Prozessmanagements ist auch in Unternehmen des Gesundheitswesens, wie beispielsweise Krankenhäusern möglich und wird auch praktiziert. Ein Beispiel dafür ist das Klinikum München (vgl. Geissler o. J.). Der Zustand vor einem Restrukturierungsprojekt war durch eine klassische abteilungsorientierte Krankenhausstruktur geprägt. Die Folgen davon waren Reibungsverluste, Kostenprobleme, komplexe Prozesse und fachliche Redundanzen. Ein Re-Engineering der Organisation mit der Bildung von abteilungsübergreifenden „Horizontalen Hierarchien" durch Zentren (Lungenzentrum und Herzzentrum u. a.), der Nutzung gemeinsamer Bettenpools führte dazu, dass die Prozesse an den Anforderungen der Patienten ausgerichtet wurden. Die damit verbundene Prozessbündelung, Prozessvereinfachung, und Prozessverschlankung bewirkte eine Kostenreduktion durch effizienteren Personaleinsatz

---

Ein weiteres Beispiel für prozessorientierte Denkweisen im Gesundheitswesen betrifft den Neubau von Kliniken. Hier wird beispielsweise zum Teil darauf geachtet, dass die Optimierung von Wegezeiten für Patienten bereits bei der Gebäudeplanung berücksichtigt wird (Breckner 2007).

2.6 Möglichkeiten zur Optimierung von Prozessen

Wesentliche Ziele der Geschäftsprozessoptimierung sind die Verkürzung der Durchlaufzeit und die Verbesserung der Prozessqualität. Die Abb. 2.11 zeigt in Anlehnung an Bleicher (1991, S. 196) grundsätzliche Gestaltungsmöglichkeiten für die Prozessoptimierung. Sie lassen sich auf jegliche Prozesse anwenden, da sie elementare Grundregeln der Vereinfachung darstellen. Sie müssen allerdings konsequent angewendet werden, wenn sie wirksam werden sollen.

Weglassen Die einfachste Art der Optimierung besteht darin, überflüssige Prozesse oder Teilschritte wegzulassen. Dies können Überprüfungen der Notwendigkeit zur Funktionserfüllung sein, z. B. Ersatz der Genehmigung von Dienstreiseanträgen im nahen Umkreis durch eine Dauergenehmigung. Typisch sind auch der Wegfall von manuellen Tätigkeiten durch Einsatz neuer Technologien, Wegfall von überflüssigen Statistiken, Erstellung von „Sicherheits-"Fotokopien von Belegen u. v. m.

Auslagern Die Vergabe von Aktivitäten an externe Dienstleister hat im Gesundheitswesen bereits eine längere Tradition. Sie stellt eine einfache Möglichkeit dar, Prozesse dadurch zu vereinfachen, dass externe spezialisierte Dienstleister Leistungen effizienter erbringen können. Typische Beispiel sind die externe Fakturierung von privaten Leistungen, externe Arztbriefschreibung, externe Labor- und Radiologieleistungen, externe Rechenzentren u. a. m.

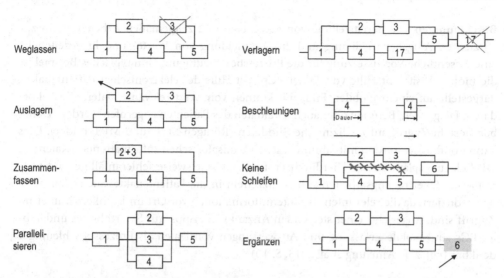

Abb. 2.11 Optimierungsmöglichkeiten für Prozesse. (Bleicher 1991, 2001, S. 196)

Zusammenfassen Jeder Bearbeiterwechsel im Rahmen eines Prozesses kostet Zeit, da der Vorgang übertragen werden muss. In der Industrie spricht man von Rüstzeiten. In Dienstleistungseinrichtungen wie dem Gesundheitswesen sind es Wiederanlaufzeiten zur Aufnahme von Prozessen. Meist müssen nicht nur Informationen übermittelt werden, sondern auch physische Objekte (Akten, Arztberichte, Atteste, Medikamente u. a. m.), was zu weiteren Verzögerungen im Ablauf führt, da der Transport organisiert werden muss und Zeit verbraucht. Die Zusammenlegung von Aktivitäten reduziert den für den Transfer von Informationen und realen Objekten notwendigen Zeitverbrauch erheblich. Ein typisches und vergleichsweise einfach zu realisierendes Beispiel im Gesundheitswesen ist der Ausdruck von Rezepten und Überweisungen direkt durch den Arzt im Behandlungszimmer, um Wartezeiten für den Patienten an der Rezeption zu vermeiden (Kunden-/ Patientenorientierung).

Parallelisieren Sofern es möglich ist, sollten Teilschritte eines Gesamtprozesses parallelisiert werden. Dies bringt allerdings eine erhöhte Arbeitsteilung mit sich und erfordert spezialisierte Mitarbeiter und eine übergeordnete Steuerung. Im Rahmen von Optimierungsmaßnahmen sollte daher im Einzelfall abgewogen werden, ob und welche Teilschritte zur gleichen Zeit ausgeführt werden können.

Verlagern Ein früherer Beginn von bisher nachgelagerten Aktivitäten einer Prozesskette kann zu kürzeren Prozesslaufzeiten führen. Ein Beispiel wäre das frühzeitige Untersuchen oder Befragen von Patienten um spätere Wartezeiten durch Rückfragen zu vermeiden. Fragebögen zu Vorerkrankungen könnten bereits im Vorfeld von Aufnahmevorgesprächen übermittelt und vom Patient ausgefüllt werden.

Beschleunigen Die Bereitstellung von geeigneten und zeitgemäßen Arbeitsmitteln zur effizienten Aufgabenerledigung und zur Vermeidung von Warte- und Liegezeiten ist eine wesentliche Voraussetzung für die Prozessbeschleunigung. Ein typisches Beispiel ist die mobile Visite mit Hilfe von Tablet PCs. Mit Hilfe der elektronischen Patientenakte, dargestellt auf einem mobilen Endgerät können vom Arzt relevante Daten wie Labordaten, Diagnosen, Befunde oder auch Vitaldaten des Patienten abgerufen werden. Daneben besteht Zugriff auf medizinische Bilddaten (Röntgen-, CT- und MRT-Bilder). Dies kann kombiniert werden mit administrativ-organisatorischen Informationen (Kalender, OP-Belegungspläne u. a.). Hierdurch entfallen beispielsweise fehleranfällige und zeitraubende Übertragungsarbeiten von Notizzetteln in die Patientenakte. Suchzeiten werden reduziert, da die relevanten Patienteninformationen vor Ort im Krankenzimmer im Zugriff sind. Angesichts einer steigenden Anzahl von „Apps" für Smartphones und Tablet-PCs sind mobile Erfassung und Auswertungen von Daten als Prozessbeschleuniger denkbar (vgl. z. B. Amelung et al. 2013, S. 10).

Schleifen vermeiden Der Rücksprung im Ablauf und ein erneutes Durchlaufen des Prozesses ist ein häufiger Grund für Zeitverluste. Daher sollten Daten bei der Erfassung möglichst vollständig plausibilisiert werden, um spätere Nacherhebungen und Rückfragen zu vermeiden. Ein Beispiel ist die Erfassung von Rezeptnachbestellungen beim Arzt, die interaktiv im Arztpraxisinformationssystem vom Assistenzpersonal erfasst und gegen die Patientenstamm- und Bewegungsdaten abgeglichen werden können. Ein weiteres Beispiel ist die elektronische Terminvergabe bei gleichzeitigem Verfügbarkeitscheck notwendiger Ressourcen, insbesondere dem ärztlichen und Assistenzpersonal, der erforderlichen Räume und ggf. wichtiger Geräte.

Ergänzen Bislang wurden nur Aspekte behandelt, die einen konkreten Einzelprozess optimieren. Da die Prozesse in der Regel miteinander verbunden sind und Querbeziehungen bestehen, kann es notwendig sein, Teilschritte hinzuzufügen um Einsparungen an anderer Stelle zu erzielen. Dies können z. B. zusätzliche Maßnahmen zur Qualitätssicherung, eine Patientennachbefragung zur Zufriedenheit, Ausfüllen von Checklisten für Folgetermine, Erstellung einer SMS/E-Mail-Erinnerung an Termine u. v. m. sein. Hierdurch wird der betrachtete Einzelprozess zwar verlängert, aber der Gesamtprozess wird optimiert.

Spezialfall Segmentierung Die Segmentierung ist ein spezieller Ansatz aus der Militär- und Katastrophenmedizin, der dann greift, wenn viele Verletzte gleichzeitig zu versorgen sind und sequentielles Abarbeiten tödlich sein kann (Hellmann und Elble 2010). Daher müssen in solchen Fällen deutliche Prioritäten gesetzt werden (vgl. Abb. 2.12). Die Segmentierung stellt gewissermaßen eine spezielle Form von „Parallelisieren" und „Weglassen" an. Das Prinzip kann auch im „Normalfall" zum Einsatz kommen. Nach einer klinischen Untersuchung wird beispielsweise entschieden, ob es sich um einen „Standardverlauf" handelt oder ob weitere Untersuchungen oder Behandlungen erforderlich sind. Je nach Entscheidung laufen unterschiedliche Prozessvarianten ab.

Abb. 2.12 Prinzip der Segmentierung. (Hellmann und Elble 2010)

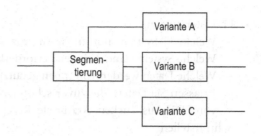

Die Optimierung von Prozessen erfolgt bei großen Veränderungen idealerweise in Projektform mit anschließender regelmäßiger Feinoptimierung. Für Optimierungsprojekte sind gemischte interdisziplinäre Teams aufzustellen, die aus verschiedenen Bereichen rekrutiert werden: Auftraggeber, Prozessmanager, Prozessexperten, Methodenexperten und Projektleiter. Der Auftraggeber fungiert als Projektsponsor, d. h. er fördert das Projekt. Idealerweise handelt es sich hierbei um ein Mitglied des Krankenhausdirektoriums. Prozessmanager sind leitenden ärztliche oder nichtärztliche Mitarbeiter aus den beteiligten Abteilungen (Station, Anästhesie, …). Prozessexperten sind pflegerische Mitarbeiter aus den betroffenen Bereichen (Station, OP, Anästhesie, …), Verwaltungsmitarbeiter aus der Patientenverwaltung, Vertreter der Funktionsabteilungen (Labor, Röntgen, …). Daneben werden (externe) Berater und Moderatoren als Methodenexperten (z. B. Prozessmodellierer) und interne oder externe Projektleiter eingesetzt (Greiling 2007, S. 136).

Einsatz von Checklisten Die Analyse von Prozessen erfolgt in der Praxis häufig mit Hilfe von Checklisten, welche sich an den o. g. Optimierungsmöglichkeiten orientieren. Beispielhaft seien folgende kritische Fragen zur Prozessanalyse genannt. Die Inhalte sind am Zweck des Vorhabens und den jeweiligen Vorkenntnissen der durchführenden Personen anzupassen:

- Aufbauorganisation
  - Welchen Inhalt haben Arbeitsplatzbeschreibungen?
  - Gibt es Lücken oder Überlappungen?
  - Wie erfolgt die Aufgabenzuordnung zu den einzelnen Stellen?
  - Ist die Qualifikation der Mitarbeiter den Aufgaben entsprechend angemessen?
  - Wie ist die Auslastung der Mitarbeiter zu beurteilen (Unter-, Überlastung)?
- Ablauforganisation
  - Wie stellt sich der Gesamtprozess aus Ihrer Sicht dar?
  - Welche Teilschritte werden durch Sie/Ihren Bereich ausgeführt?
  - Gibt es Lücken oder Doppelarbeiten im Prozess?
  - Gibt es Schleifen im Prozess, d. h. kann der Prozess aufgrund z. B. fehlender Informationen nicht regelmäßig ablaufen?
  - Welche Teilschritte könnten entfallen, vereinfacht oder beschleunigt werden?
  - Welche Papierdokumente könnten durch andere Medien ersetzt werden?

- IT-Unterstützung
  - Welche IT-Systeme nutzen Sie im Prozess?
  - Welche Systeme sind zwingend erforderlich, welche nur optional?
  - Welche Daten werden von Ihnen genutzt und erfasst?
  - Erfassen Sie Daten, die zuvor schon elektronisch gespeichert waren (z. B. anhand von EDV-Ausdrucken, Arztbriefe, Rezepte)
- Schnittstellen
  - Wie erfolgt die Übergabe von Personen, Objekten oder Informationen?
  - Kommt es bei der Übergabe zu Übertragungsproblemen?
  - Gehen Informationen beim Übergang verloren oder werden verändert?

Mobile Visite als Beispiel für Prozessoptimierung im Krankenhaus

Ist-Situation: In vielen Krankenhäusern erfolgt die tägliche Visite auf den Krankenstationen nach folgendem Muster:

- Täglich werden ein bis zwei Visiten unter Beteiligung des Chefarztes, Assistenzärzten und Pflegekräften durchgeführt
- Die Dauer der Visiten variiert abhängig von vielen Parametern, wie z. B. Klärungsbedarf oder Gesprächigkeit von Patienten
- Als Arbeitsmittel dienen dem Personal Patientenakten in Papierform, die im Visitewagen von Zimmer zu Zimmer transportiert werden sowie Laptops und Schreibzeug.
- Meist sind die Visitenwagen zu sperrig, um im Krankenzimmer Platz zu finden, so dass nicht alle Informationen am Patientenbett zur Verfügung stehen.
- Kritisch und häufig prozessstörend sind WLAN-Verbindungen, mit denen vom Laptop auf das zentrale Krankenhausinformationssystem (KIS) zugegriffen werden kann. Nicht selten sind Flure und Krankenzimmer nicht ausreichend ausgeleuchtet, d. h. es kommt zu Störungen in der Verbindung
- Vor- und nach der Visite fallen Informationsbeschaffungs- und Aktualisierungsprozesse an. Patienteninformationen und Medikationen müssen aktualisiert und dokumentiert werden.
- Viele Informationen werden mehrfach erfasst und z. B. von Notizzetteln in Patientenakten oder Informationssysteme übertragen. Das Personal kennt die Arbeit mit der üblichen Zettelarbeit seit jeher und hat sich mit der Situation abgefunden, obwohl technische Neuerungen bekannt sind.

Soll-Situation: Der Einsatz von Smartphones und Tablet-PCs kann die geschilderte Situation in mehrfacher Hinsicht optimieren. Im einfachsten Fall werden auf den Stationen ein oder mehrere mobile Endgeräte als Arbeitsstationen eingesetzt. Sie ersetzten die Papierpatientenakte und klassische PC's oder Laptops. Außerhalb der Visite können die Geräte für andere Aufgaben genutzt werden, beispielsweise zum Abgleich von Inventurbeständen auf den Stationen (Medikamente, Wäsche u. ä.).

- Aus Mitarbeitersicht dienen mobile Endgeräte als zentrale Arbeitsstationen, die durch einfache Bedienung, geringes Gewicht, lange Akkulaufzeiten und gute Darstellungsmöglichkeiten (Daten, Bilder, Videos) einen direkten und aktuellen Zugriff auf notwendige Informationen bieten. Die Mitarbeiter werden deutlich durch den Wegfall unnötiger Doppelarbeiten entlastet und können sich auf das Wesentliche, den Patienten, konzentrieren. Der Schulungsaufwand ist meist sehr gering, zumal viele Mitarbeiter derartige Geräte bereits aus ihrem privaten Umfeld kennen.

- Aus Patientensicht wird ein gesteigerter Service wirksam. Beispielsweise kann der Patient Röntgenaufnahmen oder andere Informationen am Krankenbett betrachten und direkt mit dem Arzt besprechen. Zudem wird die Gefahr von Übertragungsfehlern (falsche Medikation) minimiert, was den Behandlungserfolg steigert.
- Aus der Sicht des Krankenhauses ergeben sich Zeit- und Kosteneinsparungen sowie Qualitätsverbesserungen im Prozess durch reduzierte Fehlerquellen in erheblicher Größenordnung. Smartphones können zudem vorhandene Einzelfunktionsgeräte (z. B. Diktiergeräte, Telefone) ersetzen, da sie zahlreiche Funktionen in einem Gerät vereinen.

2.7 Geschäftsprozessvereinbarungen

Zur Steuerung der Prozesse wurden für das Gesundheitswesen sogenannte Geschäftsprozessvereinbarungen entwickelt. Sie dokumentieren die internen Kunden-Lieferanten-Beziehungen, einen wichtigen Bestandteil des Prozessmanagements.

Das Prinzip der internen Kunden-Lieferanten-Beziehungen auf der Basis von Geschäftsprozessvereinbarungen ist in Abb. 2.13 dargestellt.

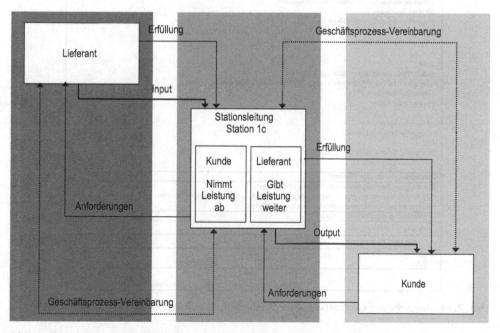

Abb. 2.13 Struktur der Geschäftsprozessvereinbarungen. (Kölking 2007, S. 108)

Klinik-Logo					
Abt.					
Geschäftsprozess-Vereinbarung					
Prozess:	operative Behandlung des Zervixkarzinoms		**Prozess-ID:**	OBZ	
			Schnittstellen-ID:	OBZ 3-4	
Schnittstelle	Teilprozess: Transport		Lieferant Stationsleitung Pflege		
	Teilrpozess:		Kunde Stationsleitung OP		
Version vom:	10.06.2004	**Gültig ab:**	20.06.2004	**Versions-ID:**	OBZ 3-4 20020610
Modifiziert am:	25.09.2004			**Modifiziert durch:**	Prozessteam
Review von:	Qualitätszirkel	**Review am:**	15.07.2004	**Genehmigt durch:**	Direktor
Verteiler:	Prozessteam, Mitarbeiter der Teilprozesse, Intranet				

Beteiligte Personen des Prozessteams:

	Name:	Funktion:	Abteilung:	Telefon -Nr:	E-Mail:
Prozess-Owner:	Schmidt	Prozessbegleiter	Management	7234521	schmidt@klinik.net
Teilprozess-Owner, Lieferant	Müller	Stationsleitung	Onkologie-Gynäkologie	7234565	müller@klinik.net
Teilprozess-Owner, Kunde	Meier	Stationsleitung	OP-Pflege	7234567	meier@klinik.net
Weitere Permanente Mitglieder:-					
1.	Schulz	Assistenzarzt	Onkologie-Gynäkologie	7234598	schulz@klinik.net
2.	Raider	Krankenpfleger	Onkologie-Gynäkologie	7234589	raider@klinik.net
Weitere fakultative Mitglieder:					
1.	Bucher	QMB	Qualitäts sicherung	7234512	bucher@klinik.net

Leistungsumfang:

Der Leistungsumfang erstreckt sich auf die Qualität, die Zuverlässigkeit, die geforderte Menge, de Kooperation, Beratungstätigkeiten und Flexibilität des Lieferanten

Anforderungen an den Lieferanten:

Patient:
Körperpflege: Nabelreinigung, Nagelpflege/Nagellack entfernen
Enthaarung von Bauch, Intimbereich und Oberschenkeln
OP-Hemd, Einmalslip
Blasenentleerung, abführende Maßnahmen
Schmuck- und Prothesenentfernung
Patientenarmband mit Namen
...

Labor:
Blutbild: Hb/Hk, Thrombozyten, Blutgruppe, BSG
Leberstatus: SGOT, SGPT, Gamma-GT, alkalische Phosphatase, Transaminasen
Gerinnungsstatus: Quick, PTT
Elektrolytstatus: Kalium
...

Untersuchungen:
Röntgen-Thorax in zwei Ebenen
EKG
Sonographie und intravenöse Pyelographie
Zystoskopie, Rektoskopie

Anforderungen an den Kunden:
Einhaltung des Übergabezeitpunktes an definierter OP-Schleuse
Falls der Patient telefonisch abgerufen wird, ist der zeitliche Vorlauf von 45 Minuten zu berücksichtigen
Abnahme der geforderten Leistung durch examiniertes Fachpersonal

Nichterfüllung der Anforderungen:
Ausrichtung der nächsten Sitzung

Nächste Sitzung am:	25.11.2006
Münster, den 25.09.2006 Ort, Datum	Prozess-Owner
Teilprozess-Owner, Kunde	Teilprozess-Owner, Lieferant

Abb. 2.14 Beispiel einer Geschäftsprozessvereinbarung. (Kölking 2007, S. 136)

Jeder Prozessverantwortliche regelt mit seinen internen „Kunden" und „Lieferanten" die zu erbringenden Leistungen (z. B. Anzahl Untersuchungen, Anzahl Operationen, Anzahl Transporte) und die hierzu gehörenden Mengen. Die Planung der Leistungsbeziehungen kann z. B. jährlich im Rahmen der Planung erfolgen und ggf. unterjährig angepasst werden. Bei Einsatz einer internen Kosten- und Leistungsrechnung sind Verrechnungspreise für die internen Leistungen zu ergänzen, um hierauf aufbauend Prozesskosten zu ermitteln. Ein Beispiel für eine Geschäftsprozessvereinbarung ist in Abb. 2.14 dargestellt. Die Darstellung gibt einen Einblick über den möglichen Detaillierungsgrad. Die Geschäftsprozessvereinbarung enthält Angaben über den Prozess, die zu erbringende Leistung einschließlich der erforderlichen Anforderungen, die Beteiligten und Ansprechpartner. Die Leistung ist so zu beschreiben, dass die Beteiligten sich klar über die Inhalte und das Qualitätsniveau sind.

2.8 Wiederholungsfragen

- Erläutern Sie die Ziele des Prozessmanagements.
- Was unterscheidet Prozessdenken von funktionalem Denken?
- Weshalb behindert eine funktionale Organisation (z. B. einer Klinik) effiziente Prozesse?
- Unterscheiden Sie verschiedene Rollen des Prozessmanagements und ordnen Sie diese konkreten Stellen im Krankenhaus zu.
- Stellen Sie Möglichkeiten der organisatorischen Umsetzung einer prozessorientierten Sichtweise im Rahmen der Aufbauorganisation vor.
- Welche grundlegenden Möglichkeiten können zur Optimierung von Prozessen genutzt werden?
- Welchen Zweck erfüllen Geschäftsprozessvereinbarungen?

Literatur

Amelung, V.; Turina, B.; Wolf, S.: Medical-Apps auf dem Vormarsch, Chance für eine effizientere und effektivere Gesundheitsversorgung, KU special IT im Krankenhaus, S. 8–10. März (2013)
Bleicher, K.: Organisation, 2. Aufl., S. 196. Wiesbaden (1991)
Breckner, I.: Individual- und Sozialpsychologische Aspekte der Gesundheitsarchitektur. In: Nickl-Willer, C. (Hrsg.) Health Care der Zukunft, S. 77–85. Berlin (2007)
BPM&O Architects (Hrsg.): Status Quo Prozessmanagement. http://www.bpmo-architects.com/ (2011)
Caritas Krankenhaus St. Josef, Regenburg (Hrsg.): Prozessmanagement im Krankenhaus St. Josef. http://www.caritasstjosef.de/content/node_11888.html (2012). Abruf am 02.11.2012
Dadam, P.; Reichert, M.; Rinderle-Ma, S.: Prozessmanagementsysteme, Nur ein wenig Flexibilität wird nicht reichen. In: Informatik Spektrum, Bd. 34, Heft 4, S. 365–376. August (2011)
Gadatsch, A.: Grundkurs Geschäftsprozess-Management, 7. Aufl. Wiesbaden (2012)

Gehring, H., Gadatsch, A.: Ein Rahmenkonzept für die Prozessmodellierung. In: Information Management & Consulting, Heft 4, S. 69–74 (1999)

General-Anzeiger Bonn (Hrsg.): 13.10.2012 (Stellenmarkt, Seite 41)

Geissler, C.: Prozessmanagement im Krankenhaus: Prozessoptimierung durch Einführung horizontaler Hierarchien, Foliensatz, o. O. (o. J.)

Greiling, M.: Patientenbehandlungspfade optimieren – Prozessmanagement im Krankenhaus, S. 136 (2007)

Hammer, M.: Reengineering Work: Don't Automate, Obliterate. In: Harvard Business Review, vol. 68, Nr. 4, S. 104–112 (1990)

Hammer, M.; Champy, J.: Business Reengineering, 2. Aufl. Frankfurt, New York (1994)

Hellmann, W.; Eble, S. (Hrsg.): Ambulante und Sektoren übergreifende Behandlungspfade, Berlin (2010)

Hess, T.; Österle, H.: Methoden des Business Process Redesign: Aktueller Stand und Entwicklungsperspektiven. In: Handbuch der modernen Datenverarbeitung, Heft 183, S. 120–136 (1995)

Johner, Ch.; Haas, P. (Hrsg.): Praxishandbuch IT im Gesundheitswesen, S. 135. München (2009)

Kleemann, Th.: Die dritte Generation von Krankenhausinformationssystemen – Workflowunterstützung und Prozessmanagement. In: Schlegel, H. (Hrsg.) Steuerung der IT im Klinikmanagement, S. 267–276. Wiesbaden (2010)

Klinikum Region Hannover (Hrsg.): Digitale Eingangsrechnungsbearbeitung. http://www.youtube.com/watch?v=nm_ouVD8xUg (2012). Abruf am 02.11.2012

Kölking, H.: DRG und Strukturwandel in der Gesundheitswirtschaft, 1. Auflage, Stuttgart (2007)

KPMG (Hrsg.): Health Care. Prozessmanagement in gesetzlichen Krankenversicherungen., o. O. (2009) (Umfrage unter dt. Krankenkassen)

Osterloh, M.; Frost, J.: Prozessmanagement als Kernkompetenz, Wie Sie Business Reengineering strategisch nutzen können, 4. Aufl. Wiesbaden (2003)

Robbins, S.P.: Organisation der Unternehmung, München, 9. Aufl. (2001)

Schmelzer, H.J.: Wer sind die Akteure im Geschäftsprozessmanagement. In: ZfO, Heft 5/2005 (74. Jg.), S. 273–277 (2005)

Thoss, M.: Organisation und IT, Nur als Orchester kann man Symphonien entstehen lassen. In: KU special IT im Krankenhaus, S. 15–16. März (2013)

Vogel, M.: IT-Chefs müssen sich Geschäftsprozessen widmen. In: Computer Zeitung, 35. Jg., Heft 22, 24.05.2004, S. 22 (2004)

Wiehr, H.: Die Grenzen der IT-Industrialisierung (Teil II): Wo Prozesse und Prozess-Steuerung Sinn machen, in: CIO-Magazin, online im Internet: www.cio.de, Abruf am 19.10.2009

Zapp, W. (Hrsg.): Prozessgestaltung in Gesundheitseinrichtungen, Von der Analyse zum Controlling, 2. Aufl. Heidelberg et al. (2010)

Modellierung und Analyse von Geschäftsprozessen im Gesundheitswesen

3

3.1 Geschäftsprozesse im Gesundheitswesen

Die bereits erwähnten Autoren Hammer und Champy definieren einen Prozess als eine Menge von Aktivitäten, für die ein oder mehrere unterschiedliche Inputs im Sinne von Informationen und ggf. Ressourcen benötigt werden und die für den Kunden ein Ergebnis von Wert erzeugen (Hammer und Champy 1994). Ein Prozess transformiert also eingehende Informationen zu einem neuen Ergebnis, das einen Kundennutzen haben soll. Als Beispiel nennen die Autoren die Entwicklung eines neuen Produkts. Im Gesundheitswesen könnte dies die Entwicklung eines neuen Untersuchungs- oder Behandlungsangebotes sein.

Kundennutzen Im Gesundheitswesen bemisst sich der Kundennutzen im Allgemeinen als Nutzen für den Patienten wenngleich die Anforderungen der Kostenträger auch zu berücksichtigen sind. Ein beispielhafter Prozess des Gesundheitswesens ist die Aufnahme des Patienten, seine Untersuchung, Behandlung und Pflege oder die Leistungsabrechnung. Gesteuert wird ein Prozess durch einen Prozessverantwortlichen aus dem Kreis der oberen Managementebene.

Prozesstypen Im industriellen Sektor wird häufig in technische und betriebswirtschaftliche Prozesse unterschieden. Betriebswirtschaftliche Prozesse beziehen sich eher auf kaufmännische Tätigkeiten (Büroprozesse), wie z. B. die Einstellung eines Mitarbeiters. Technische Prozesse (z. B. Fräsen eines Zylinderkopfes, Montage eines Motors) werden in der Fertigungsindustrie beispielsweise durch Stücklisten und Arbeitspläne bzw. Rezepturen in der Prozessindustrie dokumentiert (Gadatsch 2012a).

Im Gesundheitswesen gibt es eine ähnliche Situation. Hier sind medizinische von betriebswirtschaftlichen Prozessen zu unterscheiden (vgl. Abb. 3.1). Medizinische Prozesse

A. Gadatsch, *IT-gestütztes Prozessmanagement im Gesundheitswesen,*
DOI 10.1007/978-3-658-01166-6_3, © Springer Fachmedien Wiesbaden 2013

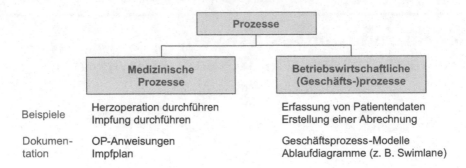

Abb. 3.1 Prozesse

(sie werden auch Behandlungsprozesse genannt) decken den Kernbereich des Gesundheitswesens ab (Untersuchung, Behandlung, Pflege, Rehabilitation u. a.), für die es individuelle Methoden zur Beschreibung und Dokumentation gibt (Operationsplan, Impfplan). Betriebswirtschaftliche Prozesse nehmen im Gesundheitswesen Aufgaben wahr, wie sie auch in anderen Branchen üblich sind (Management, Personalwesen, Controlling, Buchhaltung, Logistik/Materialwirtschaft, Gebäudemanagement, u. a.). Für die Beschreibung und Dokumentation werden vor allem grafische Modellierungsmethoden eingesetzt (z. B. Swimlane), die wir noch im weiteren Verlauf behandeln.

Hieraus haben sich in der Literatur sehr viele Definitionen entwickelt, die an dieser Stelle nicht diskutiert werden (vgl. hierzu ausführlich Gadatsch 2012a). Nachfolgend wird eine mögliche Definition für einen Geschäftsprozess wiedergegeben, die zahlreiche häufig genannte Aspekte bündelt:

▶ **Geschäftsprozess** Ein Geschäftsprozess ist eine zielgerichtete, zeitlich-logische Abfolge von Aufgaben, die arbeitsteilig von mehreren Organisationen oder Organisationseinheiten unter Nutzung von Informations- und Kommunikationstechnologien ausgeführt werden können. Er dient der Erstellung von Leistungen entsprechend den vorgegebenen, aus der Unternehmensstrategie abgeleiteten Prozesszielen. Ein Geschäftsprozess kann formal auf unterschiedlichen Detaillierungsebenen und aus mehreren Sichten beschrieben werden. Ein maximaler Detaillierungsgrad der Beschreibung ist dann erreicht, wenn die ausgewiesenen Aufgaben je in einem Zug von einem Mitarbeiter ohne Wechsel des Arbeitsplatzes ausgeführt werden können (vgl. Gehring 1998).

Ein Beispiel für eine weitere Möglichkeit zur Strukturierung von Prozessen im Gesundheitswesen ist in Abb. 3.2 dargestellt. Hier werden Leistungsprozesse im Krankenhaus betrachtet. Primäre Leistungsprozesse sind ärztliche und pflegerische Leistungen, die zu den Kernaufgaben eines Krankenhauses gehören. Sie dienen der Verbesserung des Gesundheitszustandes des Patienten. Hierunter fallen elektive Eingriffe und Notfälle. Sekundäre Leistungsprozesse finden nicht unmittelbar am Patienten statt. Es handelt sich um med.

Abb. 3.2 Leistungsprozesse im Krankenhaus. (Pföhler 2010, S. 108 (modifiziert))

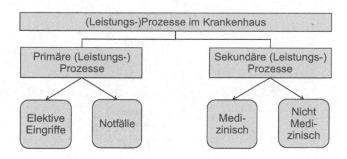

oder nichtmedizinische Supportleistungen für die Primärprozesse (z. B. Labor, Apotheke, Verwaltung, Wäscherei).

Die Dekomposition von Geschäftsprozessen, also die stufenweise Verfeinerung, erfolgt je nach Größe des betrachteten Unternehmens auf mehreren Ebenen. Die Abb. 3.3 zeigt das Zerlegungsprinzip, ausgehend vom Geschäftsprozess über Geschäftsprozess-Schritte bis hin zu elementaren Geschäftsprozess-Schritten, die zur Aufgabenerfüllung keinen Bearbeiterwechsel mehr erfordern.

In Abb. 3.4 wird dieser Zusammenhang an einem einfachen Beispiel demonstriert. Der Geschäftsprozess „Patientenverwaltung" wird in mehrere Geschäfts-Prozess-Schritte, u. a. in die Patientendatenerfassung, untergliedert. Diese wiederum zerfällt in mehrere elementare Geschäftsprozess-Schritte, die durch einen einzigen Bearbeiter ausgeführt werden können (Erfassung der persönlichen Daten, Versicherungsdaten, optionale Wahlleistungen).

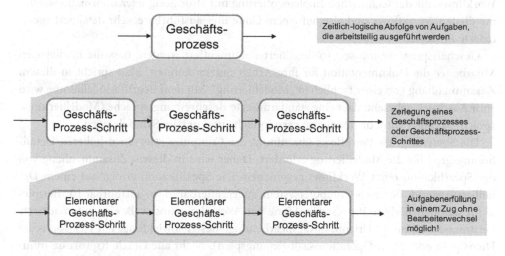

Abb. 3.3 Zerlegung von Geschäftsprozessen (Prinzipdarstellung)

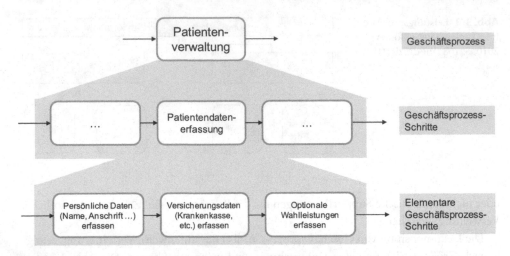

Abb. 3.4 Dekomposition von Geschäftsprozessen (Beispiel)

3.2   Methodik der Prozessmodellierung

3.2.1   Modellierungsebenen

Geschäftsprozesse sind arbeitsteilige Tätigkeiten unter Berücksichtigung organisatorischer, informatorischer und grundlegender technischer Aspekte. Hiervon zu unterscheiden sind Workflows, die der technischen Implementierung mit Hilfe geeigneter Informationssysteme dienen. Workflows sind also auf einem Computer ausführbare, sehr detailliert spezifizierte Prozesse.

Geschäftsprozesse müssen so detailliert dokumentiert werden, dass die involvierten Mitarbeiter die Dokumentation für ihre Arbeit nutzen können. Man spricht in diesem Zusammenhang von einer fachlichen „Modellierung". Mit dem Begriff Modellierung wird zum Ausdruck gebracht, dass eine standardisierte Beschreibungssprache (Modellierungssprache) genutzt wird, die möglichst verständliche und präzise Symbole nutzt.

Die Steuerung des Workflows übernimmt der Computer, was einen höheren Detaillierungsgrad für die Modellierung erfordert. Daher wird in diesem Zusammenhang von der Spezifikation eines Workflows gesprochen. Die Spezifikation erfolgt auf einem Detaillierungsgrad, der vom Computersystem interpretierbar, d. h. ausführbar ist. Beispiele für automatisierbare Prozesse im Sinne von Workflows sind z. B. eine automatisierte Leistungsabrechnung, Urlaubsantragsbearbeitung, Bestellabwicklung, ein elektronischer Dienstplan oder auch Operationssaalbelegungsplan). Nicht alle Geschäftsprozesse münden in Workflows. Rein manuelle Tätigkeiten oder nur teilweise IT-gestützte Prozesse sind nicht workflowrelevant.

Geschäftsprozess und Workflow   Die Unterscheidung von Geschäftsprozess und Workflow führt zu einer Differenzierung nach Modellierungsebenen (vgl. Gehring 1998). Wegen der Komplexität ist es sinnvoll, eine Bildung von Sichten vorzunehmen und den Ablauf in verschiedene Phasen zu gliedern. Für die Modellierung sind drei Ebenen relevant, die Ebene der strategischen Modellierung, der fachlich-konzeptionellen Prozessmodellierung und die operative Ebene der Workflow-Modellierung.

- Im Rahmen der strategischen Modellierung werden Überblicksdarstellungen erstellt, mit deren Hilfe dem Betrachter ein grober Überblick über die Prozesse erlaubt wird. Die Zielgruppe ist das Management oder Mitarbeiter, die nur eine erste Information über den Prozess benötigen
- Die fachlich-konzeptionelle Ebene erstellt detailliertere betriebswirtschaftliche Modelle, aus denen insbesondere hervorgeht, welcher Mitarbeiter, wann welche Aufgabe zu erfüllen hat und welche Informationen (z. B. auch Dokumente) verarbeitet werden.
- Auf der untersten technischen Ebenen werden Workflows spezifiziert, die den Ablauf der Informationssysteme (z. B. Ein Krankenhausinformationssystem) steuern.

Die ersten beiden Ebenen betreffen das Führungspersonal und fachliche Mitarbeiter, also Chefärzte, Ärzte, Pflegedienstleister, Pfleger, Krankenhausmanager, administrative Fach- und Führungskräfte. Diese Workflow-Ebene ist der Informatik zuzuordnen und für die meisten Mitarbeiter im Gesundheitswesen nicht direkt sichtbar.

3.2.2 Life-Cycle-Modell der Modellierung

Phasen- bzw. Life-Cycle-Modelle werden im Rahmen des Prozessmanagements zur Strukturierung der Vorgehensweise der Analyse, Modellierungs-, Optimierungs- und Implementierungsaufgaben als ein- und zweistufige Modellansätze eingesetzt. Die Zweiteilung ist in der unterschiedlichen Verwendung von Prozessmodellen begründet. Fachliche Modelle beschreiben den betriebswirtschaftlichen Kontext (Wer muss welche Aufgabe wann mit welchen Informationen und Ressourcen durchführen?). Technische Modelle beschreiben das „Wie", also die detaillierte Implementierung des Prozesses als ausführbares Konstrukt auf dem Rechner.

Bei der einstufigen Modellierung wird das technische Workflow-Modell direkt aus den fachlichen und technischen Anforderungen erstellt, ohne ein betriebswirtschaftliches Geschäftsprozessmodell vorauszusetzen. Bei der zweistufigen Vorgehensweise wird ein technisches Workflow-Modell aus einem zuvor erstellten fachlichen Geschäftsprozessmodell abgeleitet.

Die zweistufige Workflowmodellierung berücksichtigt, dass Geschäftsprozesse und Workflows unterschiedlichen Zwecken dienen und nicht alle Geschäftsprozessmodelle zu Workflowmodellen verfeinert werden. In Abb. 3.5 wird ein zweistufiger Life-Cycle dargestellt, der drei teils vermaschte Teilzyklen beinhaltet (Gehring und Gadatsch 1999, S. 173).

Teilzyklus (1) Fachliche Modellierung Der Teilzyklus (1) umfasst die Geschäftsprozessmodellierung, -analyse und -restrukturierung sowie die Geschäftsstrategieentwicklung. Er

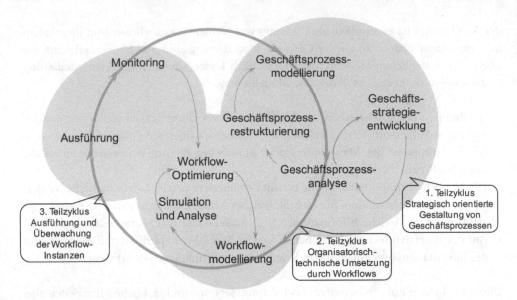

Abb. 3.5 Workflow Life Cycle

lässt sich in die strategische bzw. fachlich-konzeptionelle Ebene des integrierten Gesamtkonzeptes einordnen. Ausgangspunkt für den Teilzyklus (1) ist die Erhebung und Modellierung der Ist-Geschäftsprozessmodelle. Diese werden anschließend einer Geschäftsprozessanalyse hinsichtlich ihres Beitrages zur Erfüllung der aus der Geschäftsstrategie abgeleiteten Geschäftsprozessziele unterzogen. Hierbei werden unproduktive oder überflüssige Geschäftsprozesse und Organisationsstrukturen identifiziert. Die Geschäftsprozessanalyse kann auch Rückwirkungen auf die zunächst vorgegebene Geschäftsstrategie des Unternehmens haben, was wiederum die nachfolgende Gestaltung und Restrukturierung der Geschäftsprozesse beeinflusst. Die neu gestalteten und hinsichtlich der Zielvorgaben der Geschäftsstrategien restrukturierten Geschäftsprozesse werden als Soll-Geschäftsprozessmodelle formal beschrieben. Eine nachfolgende Analyse der Soll-Geschäftsprozessmodelle kann zu weiteren Restrukturierungszyklen führen, bis die Gestaltung der Geschäftsprozesse mit den vorgegebenen oder ggf. angepassten Geschäftszielen konform ist.

Teilzyklus (2) Technische Modellierung   Mit dem Abschluss von Teilzyklus (1) ist die fachlich-konzeptionelle Gestaltung der Geschäftsprozesse abgeschlossen. Im anschließenden Teilzyklus (2) werden die Geschäftsprozessmodelle bis auf die operative Workflow-Ebene verfeinert. Der angestrebte Detaillierungsgrad soll einerseits eine automatische Ausführung und andererseits eine simulationsbasierte Analyse von Workflows gestatten. Die der Analyse folgende Workflowoptimierung vervollständigt den zweiten, gegebenenfalls iterierten Teilzyklus.

Teilzyklus (3) Monitoring und Analyse Die Ausführung von Workflows und deren laufende Überwachung bilden den Anfang des Teilzyklus (3), der ebenfalls der operativen Ebene zuzuordnen ist. Abhängig vom Grad der bei dem Monitoring festgestellten Abweichungen der Prozessergebnisse von den erwarteten Ergebnissen erfolgt eine Rückkopplung auf den Teilzyklus (1) oder (2). Kleinere Abweichungen führen zu inkrementellen Änderungen in Form des erneuten Durchlaufes von Teilzyklus (2), d. h. zu Optimierungen der Workflow-Modelle. Größere Abweichungen von Referenzwerten deuten auf Modellierungsdefizite hin und können eine Re-Modellierung bzw. einen Rücksprung zu Teilzyklus (1) erforderlich machen. Aktivitätsauslösende Schwellwerte für das Monitoring der Workflow-Instanzen sind im Rahmen der Geschäftsprozessmodellierung als Toleranzbereiche für Prozessführungsgrößen vorzugeben. Die Ergebnisse des Workflow-Monitoring können bei gravierenden Abweichungen auch Auswirkungen auf die Geschäftsstrategie des Unternehmens haben.

Beispiel

Beispiel Performance Monitoring in der Deutschen Angestellten Krankenkasse (DAK)
Die hohe Bedeutung der Prozessüberwachung wurde von der Deutsche Angestellten-Krankenkasse (DAK) erkannt und in eine Lösung umgesetzt (vgl. Röwekamp 2007). Sie misst die Antwortzeiten einzelner Prozessschritte und erkennt Performance-Engpässe in ihren IT-Systemen. Nach internen Untersuchungen liegt die Toleranzzeit der Kundenberater bei ca. 5 s. Dauert eine für die Beratungstätigkeit notwendige Anwendung länger, werden die Mitarbeiter ungeduldig. Dauern die Beratungsgespräche insgesamt zu lange, fordern Dienststellenleiter mehr Personal an, was zu höheren Kosten führt. Aus diesem Grund erfolgt eine Messung der Prozessschritte mit einem Software-Werkzeug. Anhand der ausgewerteten Prozessdaten sind Änderungen im Prozess oder den Informationssystemen möglich.

In Abb. 2.5 wurden die zentralen Rollen des Prozessmanagements bereits vorgestellt. Ordnet man die Rollen in das Life-Cycle-Modell ein, so ergibt sich das in Abb. 3.6 dargestellte Idealbild einer Rollen-Tätigkeitszuordnung.

Der Chief-Process-Officer ist für die Mitentwicklung der Gesamtunternehmensstrategie in Zusammenarbeit mit der Unternehmensleitung und den Abgleich mit den vorhandenen Geschäftsprozessen dokumentiert in Prozessmodellen verantwortlich. Prozessmitarbeiter mit besonderer Erfahrung analysieren und überarbeiten die Prozesse. Sie werden hierbei durch interne oder externe Berater unterstützt. Prozessmodellierer überführen die Resultate in ein Prozessmodell. Der Prozessowner hat die Verantwortung für das entwickelte Prozessmodell. Die Rollen können auch in Personalunion wahrgenommen werden.

Die Workflow-Modellierung ist eine technikorientierte Aufgabe von Workflow-Modellierern bzw. von Softwareentwicklern. Sie überführen das betriebswirtschaftliche Geschäftsprozessmodell in ein ausführbares Workflowmodell. Sie führen auch die Simulation

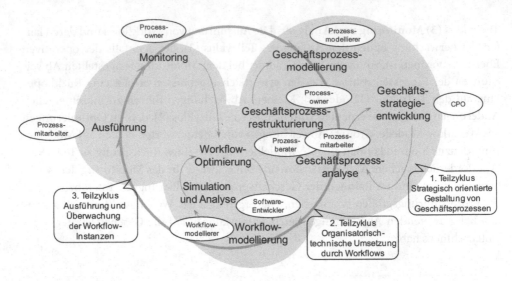

Abb. 3.6 Workflow Life-Cycle mit Rollen

der Modelle durch, da hierfür meist spezifische Kenntnisse des Workflow-Management-Systems bzw. Modellierungstools notwendig sind.

Die Ausführung der Prozesse liegt in der Verantwortung der Prozessowner. Wahrgenommen wird die Aufgabe von Prozessmitarbeitern im Unternehmen.

3.2.3 Modellierungsmethoden

In den vergangenen zwanzig Jahren wurden für den industriellen Einsatz zahlreiche Methoden zur Modellierung von Prozessen entwickelt. Die Gründe hierfür sind vielfältig. Insbesondere ist der Einsatz von standardisierten Methoden darin zu sehen, dass sie über Mitarbeitergruppen hinweg als Kommunikations- und Dokumentationsinstrument eingesetzt werden können.

Durchgesetzt haben sich vor allem graphische Ansätze zur Prozessmodellierung, da sie leichter zu verstehen sind, als skriptorientierte Ansätze, die eher Programmiersprachen ähneln und daher bei Nicht-IT-Experten in den Fachabteilungen eher auf Ablehnung stoßen. Im Gesundheitswesen dagegen ist der Einsatz von Modellierungsmethoden allerdings eher noch als zurückhaltend zu bezeichnen und wenn überhaupt, nur in größeren Einrichtungen zu finden. So zeigt die Erhebung des Beratungshauses KPMG zum Einsatz von Modellierungsmethoden in deutschen Krankenkassen, das meist nur einfache Arbeitsanweisungen zur Prozessdokumentation, Stellenbeschreibungen oder Flowcharts zum Einsatz kommen. Der Einsatz von professionellen Modellierungsmethoden und – werkzeugen ist der Ausnahmefall (KPMG 2009, S. 15).

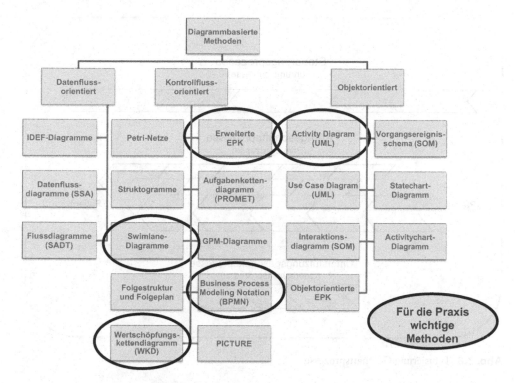

Abb. 3.7 Methoden der Prozessmodellierung

Grundsätzlich lassen sich in der Kategorie der grafischen Modellierungsmethoden datenorientierte, kontrollflussorientierte und objektorientierte Konzepte unterscheiden (vgl. Abb. 3.7 und ausführlich Gadatsch 2012a).

Datenflussorientierte Methoden beschreiben nicht den Prozess, sondern den Datenfluss, also den Verlauf der Daten im Zusammenspiel der Einzeltätigkeiten. Der Ablauf der der einzelnen Prozessschritte ist daher nur schwer aus den Diagrammen herauszulesen, was dazu geführt hat, dass diese Methoden kaum noch Verwendung finden.

Bei den kontrollflussorientierten Methoden steht die Abfolge der Tätigkeiten im Vordergrund der Modellierung, also der Prozess. In der Praxis haben sich vor allem Prozesslandkarten, Swimlane-Diagramme, Wertschöpfungskettendiagramme, die erweiterte ereignisgesteuerte Prozesskette sowie aktuell die Business Process Modeling and Notation Methode etabliert. Aus der Softwareentwicklung stammt die Idee, Funktionen und Daten zu sogenannten Objekten zu integrieren. Hier hat sich in der Praxis vor allem die Unified Modeling Language mit dem Activity Diagram etabliert. Eine detaillierte Erläuterung sämtlicher Methoden ist z. B. in Gadatsch (2012) nachzulesen. Nachfolgend werden einige der genannten Methoden vorgestellt, die nach Meinung des Verfassers im Gesundheitswesen sehr gut einsetzbar sind, da sie vergleichsweise einfach zu erlernen sind, zahlreiche

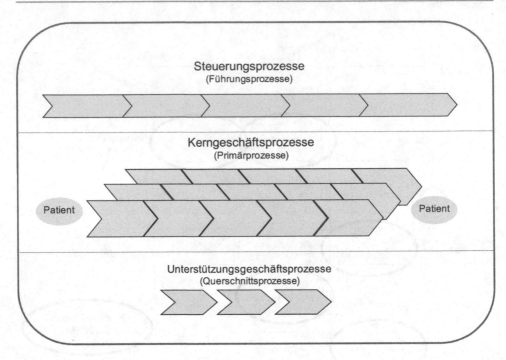

Abb. 3.8 Typisierung Geschäftsprozesse

IT-Werkzeuge für den praktischen Einsatz zur Verfügung stehen und auf vielfältige Modellierungsbeispiele aus anderen Branchen zurückgegriffen werden kann.

3.2.4 Prozesslandkarten

Geschäftsprozesse werden häufig in Abhängigkeit von der Nähe zum Kerngeschäft eines Unternehmens differenziert (vgl. z. B. Seidlmeier 2002, S. 2 f.). Zur übersichtlichen Darstellung der wesentlichen Prozesse haben sich Prozesslandkarten etabliert. Dies sind Darstellungen der wesensbestimmenden Geschäftsprozesse eines Unternehmens. Die darin dargestellten Prozesse werden meist untergliedert in Steuerungsprozesse, Kernprozesse, Unterstützungsprozesse (vgl. Abb. 3.8).

- **Steuerungsprozesse** verantworten das integrative Zusammenspiel der Geschäftsprozesse (z. B. Strategieentwicklung, Unternehmensplanung, Operatives Führen). Sie sind die unternehmerische Klammer über die leistungserstellenden und unterstützenden Prozesse.
- **Kerngeschäftsprozesse** sind Geschäftsprozesse mit hohem Wertschöpfungsanteil. Sie sind in der Regel wettbewerbskritisch und bilden den Leistungserstellungsprozess aus-

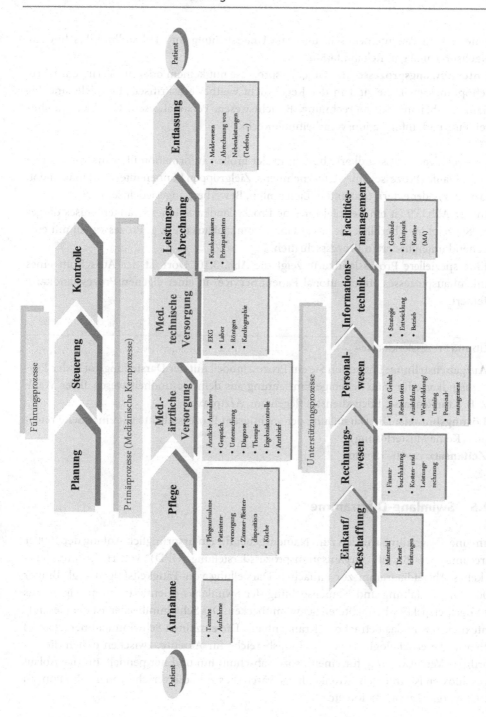

Abb. 3.9 Prozesslandkarte für ein Krankenhaus

gehend vom Patientenwunsch, über die Untersuchung und Behandlung bis hin zur Nachsorge und ggf. Rehabilitation.

- **Unterstützungsprozesse** sind Geschäftsprozesse mit keinem oder nur geringem Wertschöpfungsanteil. Sie sind in der Regel nicht wettbewerbskritisch. Beispiele sind Finanzbuchhaltung, Kostenrechnung, Berichtswesen, Personalwesen, Kantine, Wäscherei, Fuhrpark Informationsverarbeitung, Recht.

Der Zweck der Prozesslandkarte besteht in der groben Information über die wichtigsten Arbeitsabläufe (Prozesse) eines Unternehmens. Zielgruppen können intern (Management, Mitarbeiter) oder extern (Patienten, Lieferanten, Bewerber) angesiedelt sein.

In der Abb. 3.9 ist ein Beispiel für eine Prozesslandkarte eines Krankenhauses dargestellt. Sie zeigt im Überblick für das gesamte Krankenhaus die o. g. Prozesstypen mit entsprechend untergliederten Prozessschritten.

Eine speziellere Prozesslandkarte zeigt die Abb. 3.10. Dort ist der Ausschnitt eines Krankenhausprozesses „International Patient Service" in einer eigenen Prozesslandkarte verfeinert.

Übung Prozesslandkarte

Aufgabenstellung: Entwerfen Sie ein Prozessmodell mit der Darstellungsform der Prozesslandkarte für eine beliebige Einrichtung aus dem Gesundheitswesen Ihrer Wahl, z. B. Krankenkasse, Pflegedienst, Pflegeheim, Arztpraxis.
Lösungshinweis: Die Darstellung der wichtigsten Prozessschritte auf einer Seite reicht aus (Keine Musterlösung)
Zeitansatz: ca. 10–15 min

3.2.5 Swimlane-Diagramme

Swimlane-Diagramme wurden zum Namensgeber für ein ursprünglich Anfang der 1990er Jahre unter dem Begriff „Organisationsprozessdarstellung (OPD)" von H. F. Binner entwickeltes Ablaufdiagramm zur einfachen Darstellung von Tätigkeitsfolgen (vgl. Binner 2000). Die Gestaltung und Namensgebung der Swimlanes orientiert sich an einem aus der Vogelperspektive betrachteten Schwimmbecken. Das Schwimmbecken ist der Gesamtkontext, also z. B. das betrachtete Krankenhaus. Die einzelnen Schwimmbahnen (Lanes) stellen in dieser Analogie Verantwortungsbereiche für Akteure, zwischen denen die zugeordnete Verantwortung für einen Prozessabschnitt hin und her pendelt, bis der Ablauf abgeschlossen ist. In einem Krankenhaus wären dies z. B. die verschiedenen Abteilungen wie Chirurgie, Labor, Station etc.

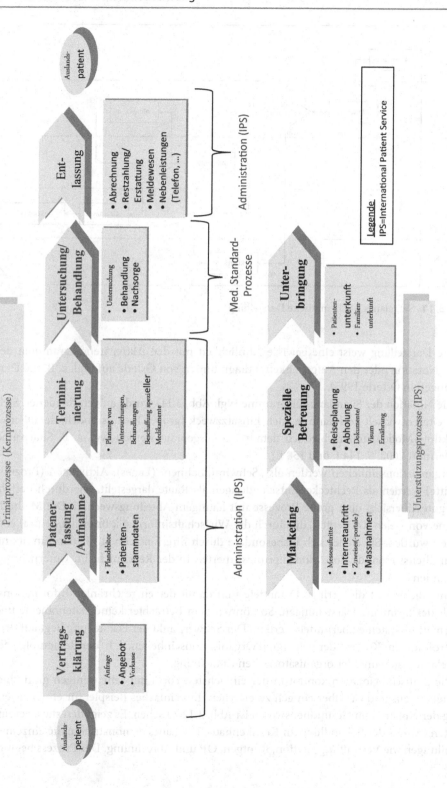

Abb. 3.10 Prozesslandkarte International Patient Service

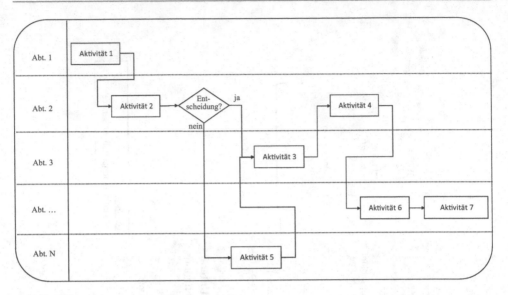

Abb. 3.11 Swimlanes – Schematische Darstellung

Die Darstellung weist eine gewisse Ähnlichkeit mit den Aktivitätendiagrammen der UML-Notation oder den Aufgabenkettendiagrammen von Österle auf (vgl. z. B. die Darstellungen in Österle 1995).

Die Notation der Swimlane-Diagramme (vgl. Abb. 3.11) wurde an verschiedenen Stellen weiterentwickelt und kann je nach Einsatzzweck (grobes Prozessmodell, detailliertes Workflow-Modell) unterschiedlich detailreich ausgeprägt werden (vgl. z. B. Sharp und McDermott 2002, S. 144 f. und 158 f.).

Organisationseinheiten werden als „Schwimmbahnen" (Lanes), Aktivitäten (Prozess-Schritte) werden als Rechtecke, Entscheidungen als Raute dargestellt. Hierdurch besteht eine gute Übersicht über grobe Prozesse mit häufigem Abteilungswechsel. Die Methode ist eine von vielen Konzepten, die durch die Wirtschaftsinformatik branchenneutral entwickelt wurden. Sie eignet sich insbesondere durch ihre Einfachheit für den Einsatz im Gesundheitswesen, da dort Modellierungsexperten in der Regel nicht im Unternehmen vorhanden sind.

Ein Nachteil ist die geringe Detailtiefe und damit der eingeschränkte Informationsgehalt der Swimlane-Darstellungen. So können dem Betrachter keine Datenobjekte und Informationssysteme übermittelt werden. Der Schwerpunkt der Darstellung liegt auf dem Kontrollfluss im Kontext der beteiligten Organisationseinheiten, d. h. der Reihenfolge der Einzelaktivitäten und der organisatorischen Zuordnung.

Die grafische Notation kommt in der einfachsten Form mit sehr wenigen grafischen Elementen aus und ist daher einfach zu erlernen. Ein einfaches Beispiel für eine Anwendung der Notation im Gesundheitswesen ist Abb. 3.12 zu sehen. Es zeigt den stark vereinfachten Prozess der Behandlung im Krankenhaus. Die Lanes demonstrieren die einzelnen Abteilungen wie Verwaltung, Station, Röntgen, OP und Abrechnung. Der Prozess beginnt

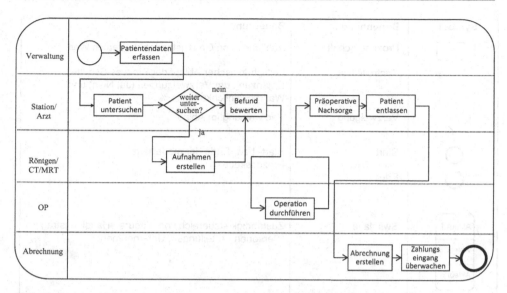

Abb. 3.12 Beispiel für eine Anwendung der Swimlane-Notation im Krankenhaus

in der Darstellung links oben mit der Erfassung der Patientendaten. Anschließend wird der Patient untersucht und abhängig vom Ergebnis werden noch Röntgenaufnahmen erstellt, die dann zu bewerten sind. Hiernach erfolgt die Operation und abschließend die Nachsorge und Entlassung des Patienten auf der Station. Nachgelagerte Tätigkeiten sind die Abrechnung und die Überwachung des Zahlungseingangsverkehrs.

Abschließend wird in Abb. 3.13 die Notation dargestellt.

Übung Einsatz von Swimlane-Diagrammen im Gesundheitswesen

Aufgabenstellung: Wie bewerten Sie die Technik der Swimlane Diagramme im Hinblick auf den Einsatz im Gesundheitswesen? Welche Vor- und Nachteile sowie Aufwand und Nutzen sehen Sie für die Beteiligten? Wie beurteilen Sie die Übersichtlichkeit und die Detaillierungsmöglichkeit bei komplexeren Prozessen

Lösungshinweis: (Keine Musterlösung)

Zeitansatz: ca. 5–10 min

3.2.6   Tabellarische Prozesserhebung

Detaillierte Informationen zu einzelnen Prozessschritten können mit den klassischen Modellierungsmethoden meist nicht ohne zusätzliche IT-Werkzeuge übersichtlich dargestellt werden. Selbst einfache Prozesse wirken in der grafischen Darstellung schnell überladen, wenn zu viele nicht für alle Beteiligten relevanten Details integriert werden.

Symbol	Benennung	Bedeutung
☐	Prozess-Schritt	Abbildung von Gegenständen der realen Welt
→	Kontrollfluss	Zeitlich-logischer Ablauf der Prozess-Schritte Ergänzung um Verzweigungen (Ja, Nein) und Wahrscheinlichkeiten in %
◇ Text	Verzweigung	Verzweigung im Ablauf
○ ◯	Start Ende	Start- bzw. Ende der modellierten Prozesskette
Akteur 1 Akteur … Akteur n	Swimlane	Zuständigkeitsbereich von Akteuren/Handlungsträgern (Personen, Abteilungen, Unternehmen
Name	Dokument	Ablaufbezogenes Dokument, Datenbank oder Informationsobjekt

Abb. 3.13 Notation für Swimlane-Diagramme

Prozessname		Datum			Ersteller	
Auslöser			Ergebnisse			
Rollen		Beschreibung				
Prozessverantwortlicher						
Beteiligte						
Zu Informieren						
Prozessschritt	Verantwortlich	Input	Output		IT-Einsatz	Messgröße
Bemerkungen						

Abb. 3.14 Tabellarische Prozesserhebung und -dokumentation

Prozessname: Terminvergabe		Datum: 06.03.2013			Ersteller: A. Gadatsch	
Auslöser: Patient ruft an oder betritt Praxis			Ergebnisse: vereinbarter Termin			
Rollen			**Beschreibung**			
Prozessverantwortlicher		Med. FA				
Beteiligte		Patient				
Zu Informieren		Ggf. Labor				
Prozessschritt	**Verantwortlich**	**Input**	**Output**	**IT-Einsatz**	**Messgröße**	
Begrüßung	Med. FA	-	-	-	-	
Anliegen des Patienten klären	Med. FA	Terminwunsch Versicherungs- karte		Arztpraxisinfor- mationssystem	Anzahl Patienten	
Ressourcen/freie Termine klären	Med. FA	Terminübersicht Personaleinsatz- plan	Termin	Arztpraxisinfor- mationssystem		
Termin vereinbaren	Med. FA	-	-	-	-	
Verabschiedung	Med. FA	-	-	-	-	
Bemerkungen: Vergleichbarer Ablauf bei Terminänderungen. Nicht jeder Patient erhält möglicherweise einen Termin, wenn Anliegend unpassend oder fehlende Verfügbarkeit von Kapazitäten.						

Abb. 3.15 Beispiel einer tabellarischen Prozesserhebung

Insbesondere für die Erhebung aber auch für die dauerhafte Detail-Dokumentation von Prozessen werden in der Praxis „Prozesserhebungsformulare" bzw. Prozessdokumentationsformulare in Tabellenform verwendet, die zusätzliche Informationen in Textform und Abbildungen bereitstellen.

Ein einfaches Beispielformular zur Erhebung bzw. Dokumentation von Prozessinformationen ist in Abb. 3.13 dargestellt.

Die erste Zeile dient der Identifikation des Prozesses (Prozessname, Datum und Ersteller). Anschließend werden die Prozessauslöser (z. B. Patient hat Praxis betreten) und die Ergebnisse (Patient wird entlassen) kurz beschrieben. Neben dem Prozessverantwortlichen (Process Owner) werden weitere Beteiligte und zu informierende Stellen vermerkt. Anschließend wird zeilenweise jeder Prozessschritt dokumentiert. Dies erfolgt unter Angabe der verantwortlichen Stelle, dem Input (welche Informationen werden verwendet, z. B. Krankenversicherungskarte, Arztberichte), dem Output (welche Informationen werden produziert, z. B. Rezept, Überweisung), dem IT-Einsatz (z. B. Arztpraxisinformationssystem, Diktiergeräte). Weiterhin können Messgrößen dokumentiert werden, mit dem der Prozessschritt gesteuert oder der Durchsatz gemessen werden kann (z. B. Fallzahlen, Anzahl Anrufe in der Praxis).

3.2.7   BPMN

Die Business Process Model and Notation (BPMN) ist eine international standardisierte Methode zur grafischen Prozessmodellierung. Sie unterstützt die Darstellung von Arbeitsabläufen (Prozessen) im Rahmen des Geschäftsprozessmanagements und die rechnergestützte Ausführung von Prozessen (Workflows).

In Deutschland findet die BPMN-Notation zunehmend Einsatz in zahlreichen Branchen, u. a. auch im Gesundheitswesen. So wird z. B. am Universitätsklinikum Jena die BPMN-Notation im Rahmen eines anwendungsorientierten Forschungsprojektes zur Modellierung eines Behandlungspfades für Lebertransplantationen eingesetzt (vgl. z. B. Kirchner et al. 2012).

In der Schweiz gilt BPMN bereits als Standard, der für Unternehmen und Behörden bevorzugt zum Einsatz kommt (vgl. eCH 2011). Sie stellt sehr viele normierte Symbole zur Verfügung, mit denen fachliche und technische Aspekte abgebildet werden können. Als erste standardisierte Methode verbindet sie die betriebswirtschaftliche und technische Sicht auf Prozesse.

BPMN wurde von Stephen A. White (IBM-Mitarbeiter) zur grafischen Darstellung von Geschäftsprozessen entwickelt (vgl. White 2004). Die Weiterentwicklung der Methode wird derzeit durch die Object Management Group (OMG, vgl. www.omg.org) verantwortet, einem Konsortium, das sich u. a. mit der herstellerunabhängigen Entwicklung von Standards beschäftigt.

Im Jahr 2010 wurde die derzeit aktuelle Version BPMN 2.0 vorgestellt, welche eine deutliche Erweiterung des Sprachumfangs erfahren hat. Das zentrale Darstellungselement der BPMN ist das Business Process Diagramm (BPD), das u. a. Elemente des Swimlane-Diagramms beinhaltet. Neben der fachlichen Modellierung wurde mit dieser Version auch das Workflow-Management, also die Unterstützung ausführbarer Modelle unterstützt. Sie konzentriert sich allerdings ausschließlich auf die Prozessmodellierung. Prozesslandkarten, die Aufbauorganisation, Datenstrukturen sind nicht Gegenstand der BPMN-Notation.

Die BPMN-Methode gehört zur Klasse der kontrollflussorientierten Sprachen, weil der Arbeitsablauf im Mittelpunkt des Modellierungskonzeptes steht. Darüber hinaus berücksichtigt sie organisatorische und datenorientierte Aspekte. Die wesentlichen Symbole sind in Abb. 3.16 dargestellt (vgl. White 2010). Rechtecke beschreiben Aktivitäten, Kreise unterschiedliche Ereignistypen, Rauten spezifizieren Entscheidungen und Kanten den Kontroll- und Nachrichtenfluss. Die Unterscheidung von Nachrichten- und Kontrollfluss erlaubt es, zusammenhängende Prozesse darzustellen und zusätzlich den Nachrichtenfluss bei Überschreitung von Organisationsgrenzen zu modellieren (vgl. Decker 2008, S. 162).

Daneben stehen Spezialsymbole für Gateways (Entscheidungen), Events (Ereignisse), textuelle Erläuterungen u. a. Detailinformationen zur Verfügung. Weitere Informationen sind über die Object Management Group erhältlich (http://www.bpmn.org/). Für

Symbol	Benennung	Bedeutung
(rounded rectangle)	Aktivität (atomar)	Eine Aktivität (Activity) beschreibt einen Vorgang, der durch das Unternehmen ausgeführt wird. Sie kann atomar (task) oder zusammengesetzt sein, also Unterprozesse (subprocesses) enthalten.
(rounded rectangle with +)	Aktivität (mit Unter-prozessen)	
○ ◎ ◉	Start-Ereignis Zwischenereignis End-Ereignisse	Ereignisse (Events) sind Geschehnisse, die während eines Prozesses auftreten. Sie können auslösend sein oder das Ergebnis einer Aktivität. Es gibt drei grundlegende Typen (start, intermediate und end) und Spezialfälle.
◇	Entscheidung (Gateway)	Gateways sind Synchronisationspunkte im Prozessverlauf. Sie entscheiden über den weiteren Verlauf des Prozesses. Es gibt mehrere Gateway-Typen: XOR, OR, AND und Eventbasierte Entscheidung.
→	Kontrollfluss (Sequence flow)	Der Kontrollfluss beschreibt den zeitlichen Ablauf der Aktivitäten im Prozess
⇢	Nachrichtenfluss (Message flow)	Der Nachrichtenfluss beschreibt den Austausch von Nachrichten zwischen zwei Objekten (Aktivitäten, Ereignisse oder Entscheidungen).
⟶	Verbindung (Association)	Die Verbindung zeigt an, dass Daten, Texte oder andere Objekte dem Kontrollfluss verbunden sind, z.B. Input oder Output einer Aktivität.
(document shape) Name	Datenobjekt (Data Object)	Das Datenobjekt zeigt an, welche Informationen/Daten als Input benötigt bzw. Output einer Aktivität sind

Abb. 3.16 Notation der BPMN 2.0. (In Anlehnung an White 2010)

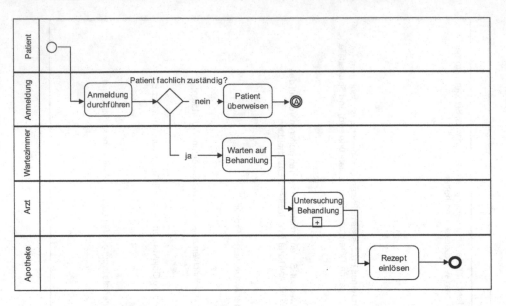

Abb. 3.17 Modellierungsbeispiel zur BPMN

weiterführende Informationen sei auf die gängigen Lehr- und Praxisbücher zu BPMN verwiesen (vgl. Allweyer 2009; Freund und Rücker 2012) verwiesen.

Ein einfaches Modellierungsbeispiel eines Behandlungsablaufes in einer Arztpraxis ist in Abb. 3.17 dargestellt. Hierbei wurden nur sehr wenige der sehr zahlreichen Modellierungselemente verwendet.

Aufgrund der zahlreichen weiteren Symbole, auf die hier nicht weiter eingegangen wird, ist es in der Regel notwendig, die Modellierung mit Hilfe eines Modellierungswerkzeuges durchzuführen. In der Abb. 3.18 ist ein Ausschnitt aus einem BPMN-Diagramm zu sehen, der mit dem ARIS Business Architect, einem weit verbreiteten Modellierungswerkzeug der Software AG, Darmstadt, erstellt wurde.

3.2.8   Modellierung klinischer Pfade

Für den Begriff „Klinischer Pfad" gibt es eine Reihe von synonymen Begriffen, die in weiteren Varianten verwendet werden:

- Arbeitsablaufbeschreibung,
- Behandlungs-Checkliste,
- Behandlungsstandard,
- Case Map,
- Clinical Care Plan,
- Clinical Path/Clinical Pathway,

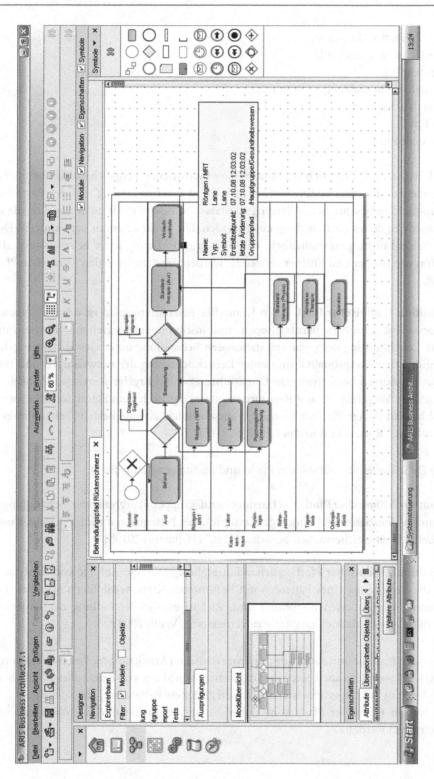

Abb. 3.18 BPMN-Modellierung mit dem ARIS Business Architect

- Clinical Practice Guideline,
- Integrierter Patientenpfad,
- Patientenpfad,
- Plan-Behandlungsablauf,
- Prozessbeschreibung,
- Richtlinie,
- Treatment Plan.

Der „Klinische Pfad" lässt sich bei Anwendung industrieller Vergleichsmaßstäbe in erster Annäherung als „Referenzprozess", also als „Best Practice Lösung" auf der Basis von Erfahrungswissen beschreiben. Allerdings umfassen klinische Pfade auch Aspekte, die in der Industrie in dieser Form nicht genutzt werden. Die in der Literatur verwendeten Definitionen sind nicht ganz einheitlich. Für eine Begriffsklärung kann beispielsweise die Definition von Roeder und Küttner verwendet werden. Sie definieren den Klinischen Pfad wie folgt:

▶ **Definition 1: Klinischer Pfad**   „Ein Klinischer Behandlungspfad ist der im Behandlungsteam selbst gefundene berufsgruppen- und institutionenübergreifende Konsens für die beste Durchführung der gesamten stationären Behandlung unter Gewährleistung der festgelegter Behandlungsqualität und unter Berücksichtigung der notwendigen und verfügbaren Ressourcen bei festgelegten Durchführungs- und Ergebnisverantwortlichkeiten Arbeitsteiliges Vorgehen – (samt Ressourceneinsatz) das nach dem Stand der Erkenntnis je Krankheitsart (Diagnose) mit höchster Wahrscheinlichkeit zum besten (Behandlungs-) Ergebnis führt." Roeder und Küttner 2007, S. 3-15)

Weitere Definitionen der Klinischen Pfade sind nachfolgend aufgeführt.

▶ **Definition 2: Klinischer Pfad**   Netzartiger berufsgruppenübergreifender Behandlungsablauf auf evidenzbasierter Grundlage (Leitlinie), der Patientenerwartung, Qualität und Wirtschaftlichkeit gleichermaßen berücksichtigt." (Hellmann 2010b)

▶ **Definition 3: Klinischer Pfad**   „Behandlungspfade sind eine Abfolge von Prozessen, die für die Versorgung eines Patienten mit bestimmten Krankheitsbildern oder bei vergleichbaren Interventionen notwendig sind. Ziel ist es, die Behandlung der Patienten sowohl ökonomisch als auch qualitativ zu verbessern. (Vauth 2008)

Der klinische Pfad umfasst nicht nur das Prozesswissen (Arbeitsfolgen, Ressourcenzuordnungen) i. e. S., sondern auch einen medizinischen Aspekt i. S. von Behandlungsvorgaben, der auf der Basis des Expertenwissens für einen geeignete Behandlungserfolg steht.

Der Nutzen Klinischer Pfade kann daher aus medizinischer und aus ökonomischer Sicht betrachtet werden.

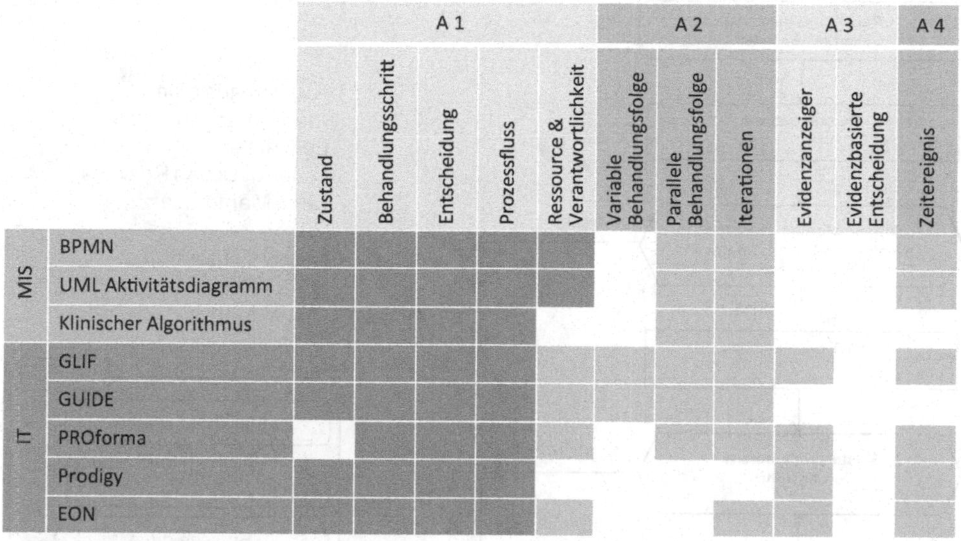

		A 1					A 2			A 3		A 4
		Zustand	Behandlungsschritt	Entscheidung	Prozessfluss	Ressource & Verantwortlichkeit	Variable Behandlungsfolge	Parallele Behandlungsfolge	Iterationen	Evidenzanzeiger	Evidenzbasierte Entscheidung	Zeitereignis
MIS	BPMN											
	UML Aktivitätsdiagramm											
	Klinischer Algorithmus											
IT	GLIF											
	GUIDE											
	PROforma											
	Prodigy											
	EON											

Abb. 3.19 Ansätze zur Modellierung Klinischer Pfade. (Burwitz et al 2013)

Medizinischer Nutzen
- Verbesserung der Behandlungsqualität,
- Diskussionsgrundlage für den Behandler,
- Sicherung von Behandlungsentscheidungen.

Ökonomischer Nutzen
- Verkürzung der Verweildauer,
- Grundlage für ein Kostenmanagement (Ermittlung der Prozesskosten),
- Basis für Prozessmanagement/Schnittstellendefinition,
- Basis für Risikomanagement,
- Unterstützung des Qualitätsmanagements.

Derzeit hat sich noch keine spezielle Methode zur Modellierung klinischer Pfade etabliert. Allerdings sind in jüngster Zeit mehrere Forschungsarbeiten erschienen, die sich mit dieser Frage befassen (vgl. z. B. Scheuerlein et al. 2012; Burwitz et al. 2013). Bislang werden z. T. schon Standardmodellierungsmethoden wie BPMN oder UML für die Pfadmodellierung verwendet. Die Untersuchung von Burwitz et al. (2013) zeigt in der Abb. 3.19 aber deutlich, dass die Abdeckung der erforderlichen Aspekte nicht von existierenden Methoden abgedeckt werden, also noch erheblicher Forschungsbedarf besteht. Die bekannten Methoden decken zwar die klassische organisatorische Arbeitsabfolge ab, nicht aber spezielle Anforderungen des Gesundheitswesens, wie z. B. variable Behandlungsfolgen oder Hinweise auf die sogenannten Evidenzrichtlinien (Evidenzzeiger). Hierunter sind Nachweise zu verstehen, dass bestimmte Behandlungswege empirisch abgesichert auch zum Behandlungserfolg führen.

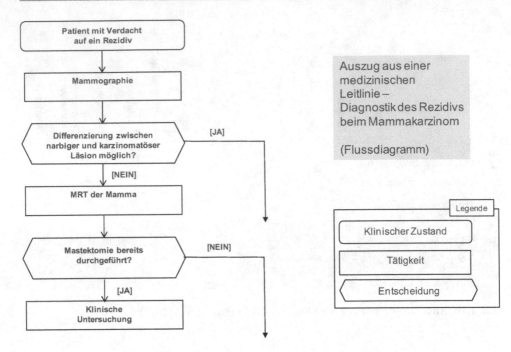

Abb. 3.20 Medizinische Leitlinie als Flussdiagramm. (Juhrisch et al. 2011, S. 100)

In der Abb. 3.20 ist ein Auszug aus einer medizinischen Leitlinie zur Diagnostik des Rezidivs beim Mammakarzinom als einfaches Flussdiagramm dargestellt (Jurisch et al. 2011). Die Prozessbeschreibung enthält lediglich den Kontrollfluss, d. h. es lässt sich nur die Abfolge der Tätigkeiten modellieren. Weitergehende Aspekte technischer, organisatorischer oder medizinischer Natur sind nicht darstellbar.

3.2.9   Modellierungswerkzeuge

Modellierungs- und Analysewerkzeuge habe sich in der Unternehmenspraxis weitgehend etabliert, wenngleich branchenübergreifend betrachtet noch hohe Potenziale vorhanden sind. Eine wissenschaftliche Untersuchung kam zu dem Ergebnis, dass fast die Hälfte der befragten 440 Unternehmen (48 %) Microsoft Visio für die Prozessmodellierung verwenden (Loos und Fettke 2007). Der Einsatz professioneller Werkzeuge wie ARIS (22 %) oder Rational Rose (23 %) ist zwar weit verbreitet, liegt aber in der Summe noch etwas darunter.

Im Gesundheitswesen ist die Verwendung von Softwaretools eher noch die Ausnahme. Eine Umfrage bei 25 deutschen Krankenkassen zum Einsatz von Dokumentationstechniken hat beispielsweise ergeben, dass kaum professionelle Modellierungstools wie z. B. die Produkte „Adonis" oder „ARIS" zur Prozessdokumentation im Einsatz sind (KPMG

2009, S. 17). Meist werden klassische Textverarbeitungsprogramme wie z. B. „Word" oder „Excel" oder gelegentlich Visualisierungstools wie „Visio" verwendet. In Krankenhäusern und ähnlichen Einrichtungen dürfte die Situation noch weit unterhalb der genannten Größenordnungen liegen.

Im Zuge des verstärkten Einsatzes betriebswirtschaftlicher Methoden des Qualitäts- und Prozessmanagements stellt sich aber nach Ansicht des Verfassers nicht mehr die Frage, ob Tools einzusetzen sind, sondern welche Werkzeuge die Besonderheiten der Branche abdecken können und in den Gesundheitseinrichtungen dauerhaft zur Qualitätssteigerung nutzbar sind.

Der Bedarf für eine übersichtliche Visualisierung und langfristige Dokumentation von Geschäftsprozessen ist ein wesentlicher Aspekt, den es zu berücksichtigen gilt. Je größer die Organisation (z. B. ein Krankenhaus, eine Rehaklinik, eine Krankenkasse), desto eher besteht Bedarf an datenbankgestützten Werkzeugen, die nicht nur die Erstellung von Prozessabläufen als Grafik, sondern auswertbare Informationen bereitstellen.

Seit einiger Zeit ist der Unterschied zwischen einem datenbankbasierten „Prozessmodell" und einer mit einem Präsentationsprogramm erstellten „Prozess-Grafik" in der Praxis bekannt und auch akzeptiert. Ein Modell ist kein Bild, es ist eine formale Darstellung und folgt einer Methode (vgl. z. B. Davis 2001, S. 28). Die Methode ist personenneutral, das Modell kann auch noch verwertet werden, wenn der Ersteller das Unternehmen verlassen hat. Dies ist häufig bei Einsatz von externen Beratern im Rahmen von Prozessmanagementprojekten der Fall, die nach Abschluss des Projektes nicht mehr zur Verfügung stehen.

Modelle können auch von Dritten verstanden werden, wenn ihnen die zugrunde liegende Methode geläufig ist. Eine Grafik dagegen erfordert entweder Hintergrundwissen oder umfassende Erläuterungen. Änderungen von komplexen Darstellungen sind zeitaufwändig und manuell durchzuführen. Hier spielt es im Gesundheitswesen eine besondere Rolle, das unterschiedliche fachliche Personengruppen (Ärzte, Pfleger, Verwaltungsmitarbeiter) oder Qualifikationsstufen (Fach- und Hilfskräfte) adressiert werden müssen. Modellierungsmethoden und Werkzeuge müssen dies berücksichtigen.

Werkzeugkategorien   Werkzeuge für das Prozessmanagement können in die Kategorien Visualisierung, Modellierung, Simulation, Workflow-Management und Computer Aided Software Engineering (CASE) untergliedert werden (vgl. z. B. Nägele und Schreiner 2002, S. 202–203). Zunehmend gewinnen Werkzeuge an Bedeutung, die nicht nur die Modellierung, sondern auch die Ausführung von Prozessen mit der Business Process Modeling Language (BPMN) unterstützten. Eine Produktübersicht über mögliche Produkte ist in Spath et al. (2010) zu finden und bei Bedarf durch eigene Recherchen zu aktualisieren.

Die Spanne der Unterstützung dieser Funktionen durch verschiedene am Markt angebotene Produkte ist sehr groß. Die graphische Visualisierung als Grundvoraussetzung wird von allen Produkten unterstützt (vgl. Abb. 3.21). Die Modellierung und Simulation ist eine Domäne von hierauf spezialisierten Produkten. Die Automatisierung von Prozessen obliegt ausschließlich den hierauf spezialisierten Workflow-Management-Systemen.

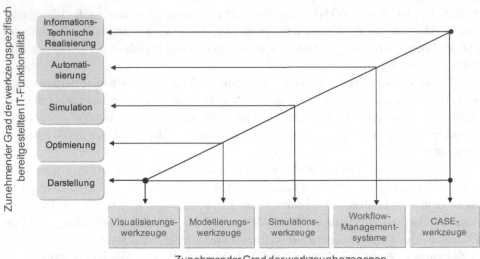

Abb. 3.21 Werkzeuge zur Prozessmodellierung nach Kategorien. (Nägele 2002, S. 203)

CASE-Tools unterstützen die Entwicklung und den Test von Informationssystemen, d. h. den Prozess der Informationssystembereitstellung.

Am Softwaremarkt gibt es seit Jahren eine Reihe von Werkzeugen, die den Organisator bei der Organisations- und Prozessgestaltung und den Softwareentwickler beim Entwurf und dem Design von Anwendungen unterstützen. Im Folgenden werden einige ausgewählte Werkzeuge für die Modellierung von Geschäftsprozessen und Workflows betrachtet.

Haupteinsatzgebiet von Modellierungswerkzeugen Das Haupteinsatzgebiet vieler Produkte ist die Unterstützung der Modellierung. Einige Werkzeuge bieten Simulationsmöglichkeiten, um die Modelle hinsichtlich ihrer Ablauffähigkeit und ihres Beitrages zur Erreichung der Unternehmensziele zu überprüfen. Die Simulation ist gerade im Gesundheitswesen interessant, wenn neue Abläufe eingeführt werden sollen, ein Probebetrieb aber nicht einfach möglich ist. Meist werden im Rahmen der Simulation überschaubare Daten- und Prozessmodelle erstellt, obgleich eine vollständige Modellierung des Unternehmens oder eines größeren Bereiches denkbar ist. Dies ist in den meisten Fällen sehr aufwändig oder aus wirtschaftlichen Gründen und auch aus Gründen der Aktualität der Modelle undurchführbar. Eine Beschränkung auf zeitkritische Abläufe oder Engpassbereiche kann dieses Problem lösen.

Vielfach werden BPM-Tools zur fachlichen Modellierung und deren interner Publikation im Unternehmen genutzt. Eine im deutschen Sprachraum durchgeführte Erhebung im ergab folgende Funktionen, die durch die Softwarewerkzeuge unterstützt wurden (vgl. Gadatsch et al. 2007):

- Fachliche Prozessmodellierung (80,3 %),
- Prozesspublikation (69,7 %),
- Prozesssimulation (48,7 %),
- Technische Prozessmodellierung (40,8 %),
- Prozesssteuerung/Workflowsteuerung (48,7 %)
- Prozessmonitoring (46,1 %),
- Prozesscontrolling (40,8 %).

Werkzeug-Auswahl Die Auswahl an Werkzeugen zur Prozessmodellierung ist in den vergangenen Jahren stark gewachsen. Aus diesem Grund besteht für die meisten Organisationen im Regelfall die Notwendigkeit, vor Anschaffung eines Werkzeuges eine Marktuntersuchung durchzuführen. Ausnahmen sind in der Praxis anzutreffen, wenn durch zentrale Vorgaben, z. B. bei großen Krankenhauskonzernen, zentral ausgewählte Produkte verbindlich für nachgeordnete Einheiten vorgeschrieben werden oder das Produkt des Marktführers ohne einen aufwändigen Auswahlprozess eingesetzt werden soll.

Praktisches Vorgehen Bei der Produktauswahl ist zu bedenken, dass diese Werkzeuge ohne Modellierungskenntnisse nicht effektiv einzusetzen sind. Es ist im Regelfall wenig sinnvoll, medizinisches Fach- oder Assistenzpersonal mit der zusätzlichen Aufgabe zu betrauen, Modellierungswerkzeuge auszuwählen und später einzusetzen. Vielmehr sind Organisations- und/oder IT-Experten zu identifizieren, die die Aufgabe der Prozessanalyse- und Modellierung dauerhaft als Regelaufgabe wahrnehmen.

Bei der Entscheidung für ein Tool geht es neben allgemeinen Aspekten wie Kosten, Bedienung, Schulungsmöglichkeiten schwerpunktmäßig um die Wahl der zum Einsatz kommenden Modellierungsmethode. Ein Beispiel für eine pragmatische Auswahl aus Sicht der Praxis findet sich in Hirzel et al. (2008, S. 151). Nägele und Schreiner (2002) haben eine umfangreiche Markterhebung mit einem Produktvergleich durchgeführt, dem der in Abb. 3.22 dargestellte Kriterienkatalog zugrunde lag.

3.3 Wiederholungsfragen zum Kapitel 3

- Erläutern Sie den Prozessbegriff mit Bezug zum Gesundheitswesen.
- Unterscheiden Sie primäre und sekundäre Geschäftsprozesse im Gesundheitswesen.
- Ordnen Sie verschiedene Rollen dem Prozessmanagement-Life-Cycle-Modell zu.
- Worin besteht der Nutzen von Geschäftsprozessvereinbarungen im Gesundheitswesen?
- Skizzieren Sie die Relevanz der Prozessmodellierung für das Gesundheitswesen.
- Welche Ziele werden mit der Prozessmodellierung im Gesundheitswesen verfolgt?
- Nennen Sie je ein Beispiel aus dem Gesundheitswesen für Steuerungs-, Kern- und Unterstützungsprozesse.

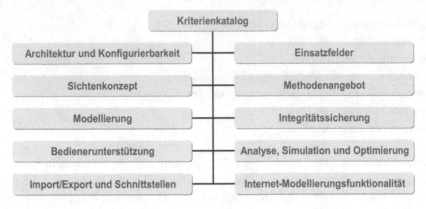

Abb. 3.22 Auswahlkriterien für Modellierungswerkzeuge. (Nägele und Schreiner 2002, S. 204)

- Erläutern Sie Zielsetzung und Einsatzbereiche von Prozesslandkarten im Gesundheitswesen
- Was kann gegen Akzeptanzprobleme von Prozessmodellen unternommen werden?
- Wie beurteilen Sie den Einsatz von Swimlanes zur Darstellung von Geschäftsprozessbegriff im Gesundheitswesensprozessen vs. Detailprozessen bzw. Organisatorisch geprägten Prozessen vs. stark automatisierten Prozessen
- Was unterscheidet den Referenzprozess vom Klinischen Pfad?
- Welche speziellen Anforderungen an die Modellierungssprache sind im Rahmen der Modellierung von klinischen Pfaden zu sehen?
- Welche Auswahlkriterien empfehlen Sie für die Auswahl eines Prozessmodellierungswerkzeuges, das im Krankenhaus eingesetzt werden soll?

Literatur

Allweyer, Th.: BPMN 2.0 – Business Process Model and Notation: Einführung in den Standard für die Geschäftsprozessmodellierung, 2. Aufl. Berlin (2009)

Binner, H.F.: Prozessorientierte TQM-Umsetzung. Reihe: Organisationsmanagement und Fertigungsautomatisierung. München (2000)

Böhm, M.: Pfade in der Industrie: Übertragbar auf das Krankenhaus? Vortragsfolien, S. 10. Mannheim (19.Juni 2008)

Burwitz, B., Schlieter, H., Esswein, W.: Modeling clinical pathways – design and application of a domain-specific modeling Language. In: Alt, A.; Franczyk, B. (Hrsg.) Proceedings of the 11th International Conference on Wirtschaftsinformatik (WI2013), Bd. 2, S. 1325–1339. (2013)

Davis, R.: Business process modelling with ARIS. A practical guide. London (2001)

Decker, G.: Choreographiemodellierung: Eine Übersicht. Inform. Spektrum. **31**(2), 161–166 (2008)

eCH (Hrsg.): E-Government Standards. http://www.ech.ch/vechweb/page (2011). Zugegriffen 25. Nov. 2011

Freund, J., Rücker, B.: Praxishandbuch BPMN 2.0, 3. Aufl. München (2012)

Gadatsch, A.: Grundkurs Geschäftsprozess-Management, 7. Aufl. Wiesbaden (2012)

Gadatsch, A., Knuppertz, T., Schnägelberger, S.: Status Quo Prozessmanagement 2007 – Umfrage zur aktuellen Situation in Deutschland, Österreich und der Schweiz. http://www.bpm-expo.com

Gehring, H.: Betriebliche Anwendungssysteme, Kurseinheit 2, Prozessorientierte Gestaltung von Informationssystemen. FernUniversität Hagen, Hagen (1998)

Gehring, H., Gadatsch, A.: Ein Rahmenkonzept für die Prozessmodellierung, in: Information Management & Consulting, Heft 4, S. 69–74 (1999)

Hammer, M., Champy, J.: Business Reengineering, 2. Aufl. Frankfurt (1994)

Hellmann, W., Elble, S. (Hrsg.): Ambulante und Sektoren übergreifende Behandlungspfade. Berlin (2010a)

Hellmann, W.: Klinische Pfade: Konzepte, Umsetzung und Erfahrungen, 2002, zitiert nach: Lux, Th.; Raphael, H.: Prozessorientierte Krankenhausinformationssysteme. In: Praxis der Wirtschaftsinformatik, HMD 269, Heft Oktober 2010b, S. 70–78. (2010b)

Hirzel, M., Kühn, F., Gaida, I. (Hrsg.): Prozessmanagement in der Praxis, Wertschöpfungsketten planen, optimieren und erfolgreich steuern, 2. Aufl. Wiesbaden (2008)

Juhrisch, M., Schlieter, H., Dietz, G.: Konzeptionelle Modellierung im klinischen Umfeld, HMD 281, S. 99–108. (Oktober 2011)

Kirchner, K., Malessa, C., Habrecht, O., Herzberg, N., Krumnow, S., Scheuerlein, H., Settmacher, U.: Prozessintelligenz am Beispiel der Lebertransplantation. 129. Kongress der Deutschen Gesellschaft für Chirurgie. (2012)

KPMG (Hrsg.): Health Care. Prozessmanagement in gesetzlichen Krankenversicherungen. o. O. (2009)

Loos, P., Fettke, P.: Zum Beitrag empirischer Forschung in der Informationsmodellierung – Theoretische Aspekte und praktische Beispiele. In: Loos, P., Krcmar, H. (Hrsg.) Architekturen und Prozesse – Strukturen und Dynamik in Forschung und Unternehmen. Springer (2007)

Nägele, R., Schreiner, P.: Bewertung von Werkzeugen für das Management von Geschäftsprozessen. Zeit. Organ. 71(4), 201–210 (2002)

Österle, H.: Business Engineering. Prozess- und, Bd. 1, Entwurfstechniken. Berlin (1995)

Pföhler, M.: Klinische Behandlungspfade. Berlin (2010)

Roeder, N., Küttner, T. (Hrsg.) Klinische Behandlungspfade, Mit Standards erfolgreicher arbeiten. Köln (2007)

Röwekamp, R.: Transaction Management bei der DAK, Nach fünf Sekunden beginnt der Ärger. In: CIO-Magazin. www.cio.de (2007). Zugegriffen 23. Apr. 2007

Scheuerlein, H., Rauchfuss, F., Dittmar, Y., Molle, R., Lehmann, T., Pienkos, N., Settmacher, U.: New methods for clinical pathways – Business Process Modeling Notation (BPMN) and Tangible Business Process Modeling (t.BPM). Langenbeck's Arch. Surg. 397(5), 755–761 (2012). doi: 10.1007/s00423-012-0914-z

Seidlmeier, H.: Prozessmodellierung mit ARIS®. Eine beispielorientierte Einführung für Studium und, Braunschweig und Wiesbaden. (2002)

Sharp, A., McDermott, P.: Workflow modeling: Tools for process improvement and application development. Norwood (2002)

Spath, D., Weisbecker, A., Drawehn, J.: Business process modeling 2010, Modellierung von ausführbaren Geschäftsprozessen mit der Business Process Modeling Notation. Stuttgart (2010)

Vauth, C.: Leistungsprozesse von Unternehmen m Gesundheitswesen. In: Greiner, W., Graf von Schulenburg, J.-M., Vauth, Ch. (Hrsg.) Gesundheitsbetriebslehre, S. 175. Bern u. a. (2008)

White, S.A.: Introduction to BPMN. http://www.bpmn.org/ (2004). Zugegriffen 10. Okt. 2006

White, S.A.: Introduction to BPMN. http://www.bpmn.org/Documents/Introduction_to_BPMN.pdf (2010). Zugegriffen 18. Feb. 2010

Zapp, W. (Hrsg.): Prozessgestaltung in Gesundheitseinrichtungen, Von der Analyse zum Controlling, 2. Aufl. Heidelberg et al. (2010)

Softwareeinsatz im Gesundheitswesen 4

4.1 Aktuelle Situation

Vor kurzem erschien in einer Fachzeitschrift für das Krankenhausmanagement ein Artikel mit dem Titel „Medical-Apps auf dem Vormarsch. Chance für eine effizientere und effektivere Gesundheitsversorgung" (Amelung et al. 2013, S. 8–11). Der Artikel zeigt die aktuellen Möglichkeiten, die bedingt durch einfach zu bedienende, aber leistungsfähige Applikationen im Gesundheitswesen möglich sind, auf. Die Möglichkeiten, Informationen am „Point of Care" (analog zum „Point of Sale" des Handels) abzurufen, werden den Klinikalltag stark verändern. Dennoch täuscht das Bild ein wenig über die allgemeine Situation des IT-Einsatzes im Gesundheitswesen hinweg, wenn man es mit anderen Branchen vergleich. In zahlreichen Aspekten der Wirtschaftsinformatik hat das Gesundheitswesen aktuelle Möglichkeiten noch nicht ganz ausgeschöpft. Integration, Zentrale Datenhaltung, Standardisierte IT-Arbeitsplätze, 24-7 Betrieb der Rechenzentren mit Benutzersupport, verteilte Informationserfassung und deren Bereitstellung, intuitive und einfach zu bedienende Benutzeroberflächen sind Aspekte, die in Einrichtungen des Gesundheitswesens vielfach noch nicht anzutreffen sind. Der Softwaremarkt ist zudem stark fragmentiert (Nilmini und Kirn 2013). Zudem ist ein erheblicher Kostendruck erkennbar. Die Einführung moderner Informationssysteme steht deutlich unter dem Finanzprimat, IT-Investitionen müssen eine Amortisationsdauer von weniger als zwei bis drei Jahren aufweisen (vgl. HealthTechWire 2013).

Die kritischen Äußerungen zum Einsatz moderner Informationssysteme betreffen natürlich nicht alle Einrichtungen des Gesundheitswesens. Es gibt durchaus auch sehr innovative Einrichtungen im Gesundheitswesen gibt, die den State-of-the-Art der Technik aktiv nutzen.

Ein schönes Beispiel für publikumswirksame innovative Anwendungen neuer Medien kann die Charité Berlin vorweisen (Dielmann-v. Berg 2011). Üblicherweise besteht von Seiten der Angehörigen und Freunde nach einer Geburt eine hohe Nachfrage nach einem Besuch beim Nachwuchs. Dies kann jedoch auch zu einer Belastung für die Beteiligten Ak-

A. Gadatsch, *IT-gestütztes Prozessmanagement im Gesundheitswesen*,
DOI 10.1007/978-3-658-01166-6_4, © Springer Fachmedien Wiesbaden 2013

teure werden. Die Charité hat daher die Intensivstation für Neugeborene mit Webkameras („Baby-Web-Cam") ausgerüstet. Nach Absprache kann der Bildschirm auch Informationen zu Gewicht, Größe und Körpertemperatur anzeigen. Die Anwendung bietet die Möglichkeit von Online-Besuchen an sieben Tagen die Woche zu je 24 Stunden. Die Nutzung ist gedacht für Eltern, Geschwister, Verwandte und Freunde, natürlich mit einem Passwortschutz für Eltern geschützt und kontrollierbar einsetzbar.

Zahlreiche praxisbezogene und wissenschaftliche Veröffentlichungen dokumentieren den Einsatz von modernen Informationssystemen im Gesundheitswesen (z. B. Haas 2007, 2009; Hanse-Merkur 2012; Mauro 2011a, b; Reichert 2000; Schlegel 2010; sowie Wier 2010).

Allerdings sieht die Wirklichkeit in vielen Einrichtungen noch völlig anders aus. Ein typisches Beispiel ist der nachfolgend beschriebene „Aufnahmeprozess" in einer Spezialklinik.

Aufnahmeprozess Spezialklinik

Der minderjährige privat versicherte Patient wird mit seinen Eltern zur Vorbesprechung und Aufnahmeuntersuchung in eine Klinik einbestellt. Der Termin wurde vorab mit der Sekretärin des Chef-Arztes telefonisch vereinbart. Am Tag der Vorbesprechung erscheinen der Patient und ein Elternteil zum vereinbarten Zeitpunkt auf der Station. Der Mitarbeiter ist darüber sehr überrascht, da der Termin nicht seiner „Terminliste" steht, offensichtlich ein Papierausruck einer Kalkulationstabelle, die zudem mit mehreren handschriftlichen Vermerken aktualisiert wurde. Die „Datenübermittlung" zwischen dem Sekretariat des Chefarztes und der Station hat offenbar wegen der Medienbrüche nicht reibungslos funktioniert. Man kann vermuten, dass dies bei einer offenbar nicht vorhandenen integrierten Terminplanung öfter vorkommt. Da der Mitarbeiter in der Aufnahme eigentlich für andere Arbeiten eingeplant ist (z. B. muss er zu diesem Zeitpunkt einen Patient aus dem Operationsraum abholen) entsteht für Ihn ein erhöhter Arbeitsdruck mit der potentiellen Gefahr von Arbeitsfehlern. Aus der Sicht des Patienten entsteht ein ungutes Gefühl in Bezug auf die zu erwartende Qualität des Hauses, bei dem eine Operation durchgeführt werden soll.

Nach einer etwa einstündigen Wartezeit muss der Patient, der eine umfangreichere medizinische Vorgeschichte hat, mehrere Aufklärungsbögen (Anästhesie, Operation 1, Operation 2, usw.) ausfüllen. Abgesehen davon, dass der Platz häufig nicht auf dem Formular ausreicht, müssen mehrmals identische Daten erfasst werden (Name, Anschrift, Geburtsdatum, Telefonverbindungen, Vorerkrankungen des Patienten und der Eltern). Dies hätte auch problemlos im Vorfeld zu Hause vorbereitet werden können, wenn der Patient die Formulare zur Verfügung gehabt hätte (z. B. Email, Download). Im Rahmen des Vorgespräches stellt sich heraus, dass ein Befund von einer anderen Klinik angefordert werden muss, da der Patient im Vorfeld nicht informiert wurde, dass er zum Vorgespräch alle Arztbriefe, Befunde etc. mitzubringen hat.

Die Anforderung der notwendigen Unterlagen gelingt unter hohem Aufwand (spontane improvisierte Telefonate des Elternteils, Telefax-Versand des Klinikpersonals). Schließlich wird der Patient per Laufzettel zu mehrere Stationen geschickt. Die papiergestützte Patientenakte führt der Patient während dieser Zeit stets mit sich. Teilweise

	1. Generation (ca. 1980-1990)	2. Generation (ca. 1991-2000)	3. Generation (ca. 2001-2010)	4. Generation (ab 2011)
Fokus	• Verwaltung von Patientenstammdaten und Pflegesätzen • Beginn der Automatisierung Massenprozesse	• Beginn Erfassung medizinischer und pflegerischer Daten • Intensivierung der Automatisierung von Massenprozessen	• IT wird als „Chef-Thema" erkannt. Integration der bisher isoliert betriebenen Inselsysteme	• IT etabliert sich als „Chef-Thema" • Bereitstellung von Management-informationen
Beispiele	• Patientenverwaltung • Leistungsabrechnung, • FiBu, • Lohn/Gehalt • Berichtswesen	• Entwicklung weiterer Anwendungen (Pflegedokumentation, Fallbearbeitung, Arztbriefschreibung) • Elektronische Patientenakte (Krankheitsdaten) • Erste Führungs-informationen	• Einsatz von ERP-Systemen zur funktionalen Unterstützung • Erste Outsourcing-Projekte, ASP-Modelle • Ablaufsteuerung mit ersten Workflow-Management-Systemen (Klinische Pfade)	• Neugestaltung von Kernprozessen • Bereichsübergreifende Prozesssteuerung • Vernetzung medizinischer, verwaltungs-technischer und betriebswirtschaftlicher Aspekte in Führungs-informationen
Techno-logien	• MS-DOS, • UNIX, • Textbasierte Oberflächen	• Windows, • Client-/Server	• ERP-Systeme • Workflow-Managementsysteme (WFMS) • Portale, Internet	• Web 2.0 (Wiki, blogs) • Mobile Endgeräte (iPhone, u.a.)

Abb. 4.1 Historische Entwicklung der Informationstechnik im Gesundheitswesen

sind die Stationen vorinformiert, dass der Patient zu Ihnen kommt, teilweise auch nicht. Es entstehen verschiedene Wartezeiten, insbesondere an stark frequentierten Bereichen (z. B. Anästhesie).

Fazit: Die aus medizinischer Sicht sehr renommierte Klinik arbeitet, obwohl vernetzte Personalcomputer in allen Räumen stehen, in organisatorischer Hinsicht, wie ein Unternehmen aus den 1980er-Jahren. Termine und Abläufe werden weitgehend papiergestützt erfasst und gesteuert. Medienbrüche und Mehrfacherfassung von Daten prägen das Bild.

Die beschriebenen Probleme des obigen Fallbeispiels haben ihre Ursache in einer unzureichenden integrierten Informationsverarbeitung. Ein konsequenter Verzicht auf papiergestützte Lösungen wäre ein Vision für eine Optimierung des Prozesses. Die hierfür notwendigen Technologien sind Gegenstand der nachfolgenden Abschnitte.

4.2   Historische Entwicklung

In Abb. 4.1 ist die Entwicklung von bislang vier Generationen von IT-Systemen im Gesundheitswesen mit Fokus auf Krankenhäusern dargestellt. Insgesamt lassen sich 4 Epochen differenzieren

- 1. Generation: 1980–1990,
- 2. Generation: 1991–2000,
- 3. Generation: 2001–2010 und die
- 4. Generation ab 2011.

In der ersten Epoche der 198er-Jahre lag der Fokus auf der administrativen Verwaltung von Patientenstammdaten und ergänzenden Informationen wie Pflegesätzen. Es war die Zeit der beginnenden Automatisierung von ausgewählten Massenprozessen. Typische Beispiele der IT-Unterstützung ist die Patientenverwaltung, Leistungsabrechnung, Finanzbuchhaltung (FiBu), Lohn- und Gehaltsabrechnung sowie ausgewählte Fragen des Berichtswesens. Die damals vorherrschenden Technologien waren zeichenorientierte Betriebssysteme wie z. B. MS DOS, zum Teil auch schon UNIX-Systeme. Die Vernetzung von Rechnern war in dieser Zeit eher die Ausnahme, nicht vernetzte Stand-Alone-Systeme waren typisch für diese Zeit.

In der zweiten Epoche der 1990er-Jahre wurden über rein administrative Daten hinaus erste medizinische und pflegerische Daten erfasst und die Automatisierung der Massenprozesse intensiviert. Neben den bislang unterstützten Prozessen wurden weitere Anwendungen entwickelt, wie z. B. Pflegedokumentation oder Arztbriefschreibung. In dieser Zeit wurden die ersten Anwendungen erstellt, die einer heutigen elektronischen Patientenakte entsprechen. Weiterhin wurden erste Führungsinformationssysteme etabliert. Möglich wurden diese Entwicklungen durch vernetzte Client-/Server-Systeme auf der Basis von Windows-Betriebssystemen mit grafischen Oberflächen.

In den ersten beiden Epochen war die IT im Krankenhausmanagement noch nicht als Führungsthema erkannt. Sie hatte eher einen technischen Unterstützungsstatus ohne Bezug zum Management. Dies änderte sich erst in der 3. Epoche beginnend mit den 2000er Jahren, die IT wird erstmals als „Chefthema" identifiziert, aber noch nicht flächendeckend etabliert. Es gab erste Versuche die bis dahin mehrheitlich dezentral und nicht vernetzt betriebenen IT-Systeme weiter zu verbinden. Erstmals wurden unter dem Schlagwort „Krankenhausinformationssystem KIS" die damals in der Industrie verbreiteten Enterprise-Resource-Planning (ERP)-Systeme auch im Gesundheitswesen genutzt, wenngleich die Begriffsdefinition weiter gefasst war. Auch das Dogma der bislang eher rein internen IT-Bereitstellung durch eigene IT-Abteilungen wurde aufgebrochen. Erste „Outsourcing-Projekte" und „Application Service Providing (ASP)"-Projekte wurden gestartet um die zunehmende Nachfrage nach IT-Leistungen in den Krankenhäusern zu befriedigen. Die abteilungsübergreifende Integration von Arbeitsabläufen wurde mit dem Begriff „Klinischer Pfad" populär und machte grundsätzlich den Weg frei für die Ablaufsteuerung von Prozesse auf der Grundlage von Workflow-Management-Systemen. In dieser Epoche verbreiteten sich in allen Branchen webbasierte Anwendungen (Internet Portale, Webauftritte im Internet u. a. m.) in den Unternehmen, auch in einigen Krankenhäusern wurden diese Technologien genutzt. Spätestens ab der 4. Generation seit etwa 2011 hat sich auch in führenden Krankenhäusern die IT als „Chefthema" fest etabliert. Die IT-gestützte Bereitstellung von Managementinformationen wird zu einem wichtigen Thema in den Krankenhäusern, was sich u. a. durch eine steigende Zahl von Veröffentlichungen, IT-Messen für die Gesundheitsbranche bemerkbar macht. Eng damit verknüpft sind die Bemühungen, Methoden des Geschäftsprozessmanagements in Krankenhäuern zu etablieren. Die Neugestaltung von bereichsübergreifenden Geschäftsprozessen auf der Basis moderner Informationstechnologie gehört zu den Herausforderungen des 21. Jahrhunderts in den

Ebenen		Aufgaben
Management & Controlling	**Strategie**	Zukunftsfähige Positionierung des Krankenhauses in der Gesundheitsbranche, Zusammenstellung eines geeigneten Behandlungs- und Servicespektrums
	Prozesse	Schaffung einer effizienten Aufbau- und Ablauforganisation für die Leistungserstellung (Klinische Pfade)
Informationsmanagement & Informationstechnik (IT)	**Anwendungen**	Gestaltung integrierter, flexibler und prozessorientierter Anwendungen
	Software / Programme / Datenbanken	Entwicklung von Krankenhausinformationssystem (KIS) und spezieller operativer Systeme (Laborsysteme, Röntgeninformationssysteme, Medikationssysteme u.a.)

Abb. 4.2 Hospital Engineering. (Lux und Raphael 2010, S. 70–78; modifiziert)

Krankenhäusern. Bislang getrennt geführte administrative Informationen werden zunehmend integrativ mit medizinischen Aspekten betrachtet und in ganzheitliche Führungsinformationssysteme übernommen. Die vorherrschenden Technologien sind das Web 2.0 mit Wikis, blogs und anderen Anwendungen sowie als wichtigste Technologie die mobilen Endgeräte wie Smartphones und Tablet-PCs, die medizinische und administrative Informationen direkt ans Krankenbett bringen.

4.3 Hospital Engineering

Die Bemühungen um einen verstärkten Einsatz von Informationstechnologie haben analog zum Begriff des „Software Engineering" der Wirtschaftsinformatik den Begriff des „Hospital Engineering" geprägt. Hierunter ist die systematische Gestaltung des Unternehmens Krankenhaus aus der Sicht des Managements und der IT zu verstehen (vgl. Lux und Raphael 2010).

Das Hospital Engineering hat demnach zwei Hauptebenen (vgl. Abb. 4.2). Die erste Hauptebene betrifft das „Management und Controlling" eines Krankenhauses. Auf der ersten Unterebene „Strategie" erfolgen die zukunftsfähige Positionierung des Krankenhauses in der Gesundheitsbranche und die Zusammenstellung eines geeigneten Behandlungs- und Servicespektrums. Die zweite Unterebene „Prozesse" hat die Aufgabe der Schaffung einer effizienten Aufbau- und Ablauforganisation für die Leistungserstellung, die unter dem Begriff „Klinischer Pfad" bekannt sind.

Die zweite Hauptebene „Informationsmanagement und Informationstechnik" beschäftigt sich mit „Anwendungen" und konkreter „Software". Unter Anwendung ist die Gestaltung integrierter, flexibler und prozessorientierter Anwendungen zu verstehen. Die Unterebene „Software/Programme/Datenbanken" betrifft die Entwicklung von Krankenhausinformationssystem (KIS) und spezieller operativer Systeme (Laborsysteme, Röntgeninformationssysteme, Medikationssysteme u. a.).

Aktuelle Projekte haben dem Konzept des Hospital Engineering in der jüngsten Zeit erneut Impulse gegeben. Das Projekt „Hospital Engineering" unter Federführung des Landes NRW und der Europäischen Union untersucht beispielsweise derzeit, wie das Gesamtsystem Krankenhaus optimiert werden kann (vgl. Amirie und Klocke 2013). In diesem Zusammenhang wird mit Projektpartnern in Duisburg ein „Hospital Engineering Labor" betrieben, in dem neue Methoden und Techniken anwendungsnah evaluiert werden können.

4.4   Grundbegriffe des IT-Einsatzes im Gesundheitswesens

4.4.1   Datenstrukturen

Die Einführung von Informations- und Kommunikationstechnologien im Gesundheitswesen hat aufgrund der branchenspezifischen Anforderungen zu einer Reihe von speziellen Fachbegriffen geführt, die nachfolgend erläutert werden. Die Anforderungen resultieren u. a. aus den vielschichtigen Datenstrukturen des Gesundheitswesens (vgl. Johner et al. 2011, S. 189), die durch eine starke Verzahnung administrativer, pflegerischer und medizinischer Daten geprägt sind:

Datenstrukturen im Gesundheitswesen
- Basisdokumentation
  - Stammdaten
    - Personendaten: Name, Anschrift, Geburtsdatum, -ort, …
    - Administration: Krankenversicherung, Hausarzt, …
    - Anamnese: Beschwerden, Datum der Behandlung, Symptome, Vorgeschichte, Familiengeschickte, …
  - Verlaufsdokumentation
    - Pflegemaßnahme: Waschen, Bettung, Füttern, …

- Reporting
  - Arztbrief, Verlegungsbericht, …

- Therapie/Maßnahmendokumentation
  - Medikamente, Operation, Physikalische Behandlung, Dialyse, …

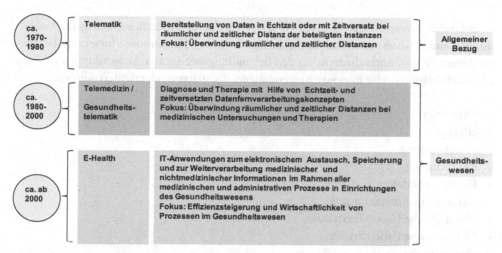

Abb. 4.3 Entwicklungsstufen E-Health. (Frodl 2011)

- Diagnosen
  - Einweisung-, Aufnahme-, Haupt-, Neben-, ...

4.4.2 Gesundheitstelematik

Der Begriff der Gesundheitstelematik ist ein reiner Kunstbegriff, der sich aus den drei Begriffen „*Gesundheits*wesen", „*Tele*kommunikation" und „Infor*matik*" zusammensetzt. Daneben werden weitere Synonyme verwendet, wie E-Health, Health Telematics oder auch Telemedizin. Im Kern geht es um die Unterstützung der medizinischen und nicht-medizinischen Prozesse im Gesundheitswesen durch moderne Informations- und Kommunikationssysteme innerhalb und zwischen Gesundheitseinrichtungen zur Verbesserung der Kommunikation untereinander und mit Patienten.

Frodl (2011) unterscheidet drei Entwicklungsstufen des E-Health (vgl. Abb. 4.3). In den siebziger Jahren etablierte sich zunächst der allgemeine branchenneutrale Begriff der „Telematik". Hierunter ist die Echtzeitbereitstellung von Daten bei räumlicher und zeitlicher Distanz zu verstehen.

In den 1980er Jahren etablierte sich hierauf aufbauend der Begriff der Telemedizin bzw. der „Gesundheitstelematik" im speziellen Bezugsbereich des Gesundheitswesens. Mit Hilfe von Echtzeitdatenübertragungen wurden Diagnosen und auch Therapien unterstützt. Ab dem Jahrtausendwechsel kam der Begriff E-Health hinzu, der den Fokus breiter fasste. Der Fokus lag nun auf Effizienzsteigerung und Verbesserung der Wirtschaftlichkeit von Geschäftsprozessen im Gesundheitswesen durch den Einsatz von IT-Anwendungen zum elektronischen Austausch von Daten im medizinischen, nicht-medizinischen und administrativen Prozessen.

E-Health Anwendungen lassen sich beispielsweise in behandlungsbezogene Anwendungen, informations- und ausbildungsbezogene Anwendungen sowie forschungsbezogene Anwendungen untergliedern. Zu den behandlungsbezogenen Anwendungen gehören demnach beispielsweise folgende Anwendungen, die später noch erläutert werden:

- eArztbrief,
- eRezept,
- eÜberweisung,
- eAbrechnung,
- Einweiserportale,
- Monitoring-Anwendungen,
- Elektronische Gesundheitskarte,
- Elektronische Patientenakte,
- Elektronische Gesundheitsakte.

Zu den informations- und ausbildungsbezogenen Anwendungen werden

- KIS Krankenhausinformationssysteme,
- RIS Radiologieinformationssysteme,
- Picture Archiving & Communication Systeme (PACS, Bilddatenarchivierungs- und Kommunikationssystem)

gezählt. Forschungsbezogene Anwendungen dienen der Forschungsunterstützung sowie der Unterstützung von Gesundheitsberichterstattung und Gesundheitssystemplanung (vgl. hierzu ausführlich Johner und Haas 2009 in Verbindung mit Frodl 2011, S. 32–40). Eine Auswahl von E-Health Anwendungen ist in Tab. 4.1 aufgeführt. Sie zeigen die enorme Bandbreite der möglichen Einsatzbereiche in medizinischen und administrativen Prozessen.

4.4.3 Beispiele für E-Health Anwendungen

Nachfolgend werden ausgewählte Beispiele präsentiert, welche im Unternehmenseinsatz bereits praktiziert werden bzw. in absehbarer Zukunft Realität sein könnten.

AbrechnugsApp Hanse-Merkur Versicherung

Die papiergestützte Verarbeitung von privaten Arztrechnungen führt zu zahlreichen Medienbrüchen (Ausdruck beim Arzt, Postversand, Erfassung auf Abrechnungsformular beim Patient, Erfassung der Rechnung bei der Versicherung). Ein aktuelles E-Health Beispiel aus der Unternehmenspraxis ist die „AbrechnungsApp" der Hanse-Merkur Versicherung. Eine App-basierte Lösung auf Basis des IBM-Cloud-Services „Insurance Service Hub (ISH)" ermöglicht die elektronische Weiterverarbeitung der Rechnungsdaten per 2D-Barcodes mit Hilfe von marktgängigen Smartphones.

Tab. 4.1 Ausgewählte E-Health Anwendungen. (In Anlehnung an: Frodl 2011, S. 32–40)

Telemetrie	Übertragung von Patientendaten mittels Sensoren zu einer räumlich entfernten Stelle, z. B. zur Messung von Puls, Blutdruck o. ä.
Telediagnostik	Begutachtung medizinischer Bilder durch räumlich entfernte Teilnehmer zur Erstellung einer Diagnose
Telekonsultation	Echtzeit oder zeitlich versetzte Diskussion von medizinischen Fällen zwischen entfernten Kollegen, z. B. Einholung einer Zweitmeinung bei einem Fachkollegen
Telemonitoring	Fernuntersuchung, -diagnose und –überwachung von Patienten mit speziellen mobilen Endgeräten (z. B. Smartphones, Tablets), Möglichkeit zur Erinnerung an Medikamenteneinnahmen, durchzuführende Messungen o. ä.
E-Arztbrief	Strukturierter Arztbrief, der auf Basis einheitlicher technischer Standards elektronisch übermittelt und verarbeitet werden kann
DALE-UV	Elektronisches Berichts- und Abrechnungssystem für Ärzte mit den Unfallversicherungsträgern
ePVS	Elektronischer Versand privatärztlicher Abrechnungen zwischen Arzt und privatärztlicher Verrechnungsstelle
eHKS	Übermittlung elektronischer Dokumentationsdaten zum Hautkrebs-Screening

Chip in der Pille sendet via App SMS

Ein weiteres Beispiel zeigt, wie E-Health in der nahen Zukunft aussehen könnte. In Tabletten integrierte Mikrochips sollen kontrollieren, ob Patienten Medikamente einnehmen wie verordnet (vgl. Wier 2012). In den USA hat die Arzneimittelzulassungsbehörde FDA die Erlaubnis für die Anwendung eines Mikrochips gegeben, der mit der Pille in den Magen des Patienten wandert und von dort Signale nach außen sendet. Man verspricht sich davon eine effektivere Kontrolle des Einnahmeverhaltens der Patienten. Sobald der in ein Arzneimittel integrierte Sensor im Magen angekommen ist, soll er durch den Kontakt mit der Magenflüssigkeit aktiviert werden und anschließend Signale übermitteln. Über das Körpergewebe des Anwenders sollen die Informationen an ein auf der Haut angebrachtes Pflaster mit Batterie weitergeleitet und an ein Handy übermittelt werden.

Mobiler Radiologie-Arbeitsplatz

Forscher des Deutschen Forschungsinstitutes für Künstliche Intelligenz (DFKI) erhielten kürzlich einen Preis für den sprachgesteuerten iPad-Arbeitsplatz für Radiologen. Diese Berufsgruppe war bisher häufig an stationäre Arbeitsplätze gebunden. Mit der Anwendung „RadSpeech" können sie nun direkt beim Patienten vom Tablet auf Bilder und medizinische Daten zugreifen. Per Sprachbefehl können Radiologen oder behandelnde Ärzte elektronische Krankenakten mit den dazugehörenden Bilddateien „abrufen, durchsuchen und per Touchgeste auf dem iPad beliebig anordnen." Das System unterstützt den Arbeitsablauf eines Arztes durch intuitive Bedienelemente innovativ und trägt zur Prozessoptimierung des Behandlungsablaufes bei (vgl. Wiehr 2012).

Elektronische Patientenaufklärung

Die Digitale Patientenaufklärung der Firma Thieme belegte den ersten Platz bei der „Entscheiderfabrik 2012", einem Wettbewerb im Gesundheitswesen. Patienten können vor dem Arztgespräch am Computer oder Tablet-PC Informationen zum Eingriff und zu den Risiken lesen. Anschließend beantworten sie Fragen zu „Vorerkrankungen und Medikamenten". Der Arzt hat die Informationen strukturiert und elektronisch vorliegen und kann das Aufklärungsgespräch gezielt den Bedürfnissen des Patienten anpassen. Die elektronische Unterschrift ermöglicht den vollelektronischen Abschluss der Prozesse (vgl. Entscheiderfabrik 2012).

4.4.4 Patientendatenmanagement

Die Einführung von E-Health Anwendungen verläuft aufgrund der Besonderheiten im Gesundheitswesen nicht so erfolgreich, wie E-Business Anwendungen in anderen Branchen. Die US-amerikanische Firma Google hat beispielsweise von 2008–2011 einen Dienst „Digitale Krankenakte" (*Google Health*) bereitgestellt, der mangels Interesse wieder eingestellt werden musste, obwohl die Datenschutzanforderungen, die in Deutschland häufig Gegenstand der Widerstandsdiskussion sind, in den USA deutlich geringer einzustufen sind (vgl. Ärztezeitung 2012).

Elektronische Gesundheitskarte (eGK) Die Einführung der elektronischen Gesundheitskarte ist in Deutschland über Jahre hinweg stark diskutiert worden. Im Vergleich zur Einführung der Geldkarte bzw. EC-Karte in den 1970ern kamen aufgrund der persönlichen Daten emotionale Aspekte in der Diskussion auf. Die elektronische Gesundheitskarte ist als Prozessor-Chipkarte als Ersatz für die bisherige Krankenversicherungskarte mit erweiterten Funktionen zur Authentifizierung und Datenhaltung realisiert worden. Nutzer sind Patienten bzw. von ihm autorisierte Beteiligte (Ärzte, Apotheker, …). Er ist auch der Dateneigentümer, der die Nutzung bestimmt.

Die elektronische Gesundheitskarte umfasst eine vergleichsweise geringe Menge an obligatorischen Daten und darüber hinaus optionale Daten. Pflichtangaben sind beispielsweise „Name, Geburtsdatum, Geschlecht, Anschrift, Versichertenstatus, Zuzahlungsstatus". Freiwillig können Angaben zu medizinischen Daten, insb. Arztbriefe, elektronische Rezepte, medizinische Notfalldaten und Angaben wie Blutgruppe, Impfungen, Allergien, Organspenden u. a. gespeichert werden.

Eine Reihe von organisatorischen Restriktionen soll sicherstellen, dass der Missbrauch eingeschränkt wird. Der Patient muss insbesondere die Karte bei Arzt- und Apothekenbesuchen mitführen und er muss geistig und körperlich in der Lage sein, die Karte zu nutzen. Weitere Infos sind unter der Internetadresse *http://www.die-gesundheitskarte.de/* des Gesundheitsministeriums erhältlich.

Elektronische Patientenakte (ePA) Von der elektronischen Gesundheitskarte, einer Plastikkarte mit eingebautem Chip, ist die „Elektronische Patientenakte (ePA)" abzugrenzen. Sie ist der Ersatz für die bisherige Papierakte in Krankenhäusern und Arztpraxen. Es handelt sich um ein zentrales oder verteiltes System zur einrichtungsübergreifenden Verwaltung von individuellen elektronischen Patientendaten. Der Eigentümer der Daten ist die datenführende Stelle, z. B. ein Krankenhaus. Nutzer sind der Dateneigentümer, als z. B. das Krankenhaus und beteiligte behandelnde (Niedergelassene) Ärzte, Reha-Einrichtungen. Für die technische Realisierung ist eine gemeinsame IT-Infrastruktur oder der Datenaustausch nötig. Die Daten sind i. d. R auf Servern, z. B. des Krankenhauses gespeichert. Externe Beteiligte greifen darauf zu, sofern Sie dafür autorisiert sind.

Die Datenhaltung erfolgt Einrichtungsintern oder auch Einrichtungsübergreifend. Der Datenumfang umfasst die Stammdaten des Patienten (z. B. Name, Anschrift, Versicherung, …), medizinische Daten (z. B. Angaben zu Allergien, Dokumente, Einweisungen, Arztbriefe, Laborbefunde,…) sowie die Historie des Patienten. Die elektronische Patientenakte umfasst daher alle des Patienten, d. h. nicht nur die Daten von einer Behandlung, die im Laufe der Zeit in der Einrichtung (z. B. Krankenhaus) gesammelt worden. Der Gegensatz zur elektronischen Patientenakte ist die elektronische Fallakte (eFA), sie enthält nur die Dateien eines einzelnen Behandlungsfalles (z. B. Behandlung von Patient Müller am 15.03.2013).

Sankt Josefs Hospital, Beuel, Einsatz der elektronischen Patientenakte

Da die elektronische Patientenakte die Prozesse im Krankenhaus stark beschleunigt und kostensenkend wirkt, mehren sich die Erfolgsmeldungen in der allgemeinen und spezifischen Fachpresse (vgl. z. B. Josef Hospital 2012, S. 1). Dort wurde festgestellt, dass die Daten, wenn sie einmal in der Patientenakte eingetragen sind, von allen Rechnern im Krankenhaus abgerufen und ergänzt werden können. Hierdurch entfallen aufwändige Warte- und Suchzeiten. Jeder Beteiligte hat den gleichen Informationstand.

Asklepios Schlossberg-Klinik, Bad König, Einsatz der elektronischen Patientenakte

Im Beispiel der Asklepios Schlossberg-Klinik Bad König kommen die Verantwortlichen zu folgendem Fazit (vgl. Wiehr 2012): Die Vorteile für die Klinik liegen in der Erlössicherung, Patientensicherheit und transparenten Prozessen, die Vorteile für Patienten sind darin zu sehen, dass die Ärzte und das Pflegepersonal unmittelbaren Zugang zu Gesundheitsdaten haben. Umständliche Telefonate oder das Studium verstreuter Papierunterlagen werden deutlich reduziert. Der Datenschutz war natürlich ein wichtiges Thema und Gegenstand entsprechender Vorkehrungen. Ärzte und Pflegepersonal haben einen getrennten passwortgeschützten Zugang. Wird keine normale Abmeldung aus dem System vorgenommen, schaltet sich das Programm nach zwei bis drei Minuten von selbst aus. In dieser Zeit könnten Angehörige oder Unbeteiligte einen kurzen Blick auf die medizinischen Daten erhaschen, aber das könne man nicht prinzipiell ausschließen.

Elektronische Gesundheitsakte (eGA) Die elektronische Gesundheitsakte (eGA) ist ein Programm zur Erstellung, Verwaltung und Anzeige persönlicher medizinischer Patienteninformationen. Sie kann als sogenannte „patientengeführte Akte" bezeichnet werden, bei der Patient der Dateneigentümer ist. Nutzer sind der Patient bzw. von ihm autorisierte Beteiligte (Ärzte, Apotheker, …). Die technologische Grundlage ist die Speicherung der Daten auf Servern mit Autorisierung durch den Patient oder die Speicherung der Daten auf einer Chipkarte, wie beispielsweise der elektronischen Gesundheitskarte (eGK).

Nutzung in der Praxis Der Implementierungsstatus der elektronischen Patientenakte in deutschen Krankenhäusern wurden für die Jahre 2005–2011 untersucht (Liebe et al. 2012). Darin kam man zu dem Ergebnis, dass ein deutlicher Zuwachs erkennbar ist, aber derzeit noch sehr viele laufende Projekte zu verzeichnen sind (vgl. Abb. 4.4).

Die Abb. 4.5 fasst die wesentlichen Aspekte der elektronischen Akten tabellarisch zusammen.

Der technische Aufwand für die sichere Nutzung von Telematik-Anwendungen ist hoch. Die Abb. 4.6 zeigt die Elemente der Telematik Infrastruktur (TI) der elektronischen Gesundheitskarte in Deutschland (vgl. Knipl und Sunyaev 2011, S. 81). Ein typisches Sicherheitsproblem, die schriftliche Aufbewahrung der PIN-Nummer durch den Patienten, z. B. in unmittelbarer Nähe zur Gesundheitskarte, kann aber auch eine solch aufwändige Architektur nicht ausschließen.

Neben den aufgeführten E-Health-Anwendungen für die Verwaltung von Patientendaten bietet der Softwaremarkt neuere Anwendungen, wie z. B. Portallösungen. Als ein mögliches Beispiel sei hier die Lösung „Portavita" des gleichnamigen niederländischen Anbieters angeführt (www.portavita.nl). Sie bietet Formulare für Institutionen wie Palliativ-Care-Teams und/oder palliativmedizinischen Abteilungen in Krankenhäusern. Eine Verlaufsdokumentation unterstützt Patientenlisten und Arbeitslisten sowie einen Diagnosenkatalog (ICD-10). Ein Medikamentenplan ermöglicht die detaillierte Erfassung der

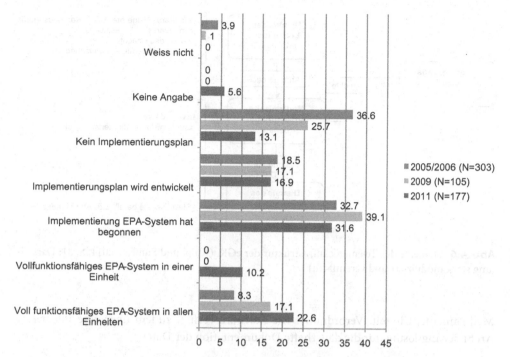

Abb. 4.4 Einsatz der elektronischen Patientenakte in Deutschland. (Liebe et al. 2012)

Aspekt	Elektronische Patientenakte (ePA)	Elektronische Gesundheitsakte (eGA)	Elektronische Gesundheitskarte (eGK)
Definition	Zentrales oder verteiltes System zur einrichtungsübergreifenden Verwaltung von individuellen elektronischen Patientendaten	Programm zur Erstellung, Verwaltung und Anzeige persönlicher medizinischer Patienteninformationen. „Sog. Patientengeführte Akte"	Prozessor-Chipkarte als Ersatz für die bisherige Krankenversicherungskarte mit erweiterten Funktionen zur Authentifizierung und Datenhaltung
Nutzer	Krankenhaus und beteiligte behandelnde (Niedergelassene) Ärzte, Reha-Einrichtungen, …	Patient bzw. von ihm autorisierte Beteiligte (Ärzte, Apotheker, …)	Patient bzw. von ihm autorisierte Beteiligte (Ärzte, Apotheker, …)
Technik	Gemeinsame IT-Infrastruktur oder Datenaustausch nötig. Daten liegen i.d.R. auf Servern, z.B. des Krankenhauses, externe Beteiligte greifen darauf zu	z.B. Speicherung auf Servern mit Autorisierung durch Patient oder Speicherung auf Chipkarte, z. B. Zugriff in Zukunft über eGK	Chipkarte mit Prozessor
Daten-eigen-tümer	Datenführende Stelle (z.B. Krankenhaus)	Patient	Patient

Abb. 4.5 Elektronische Akten im Gesundheitssystem im Vergleich

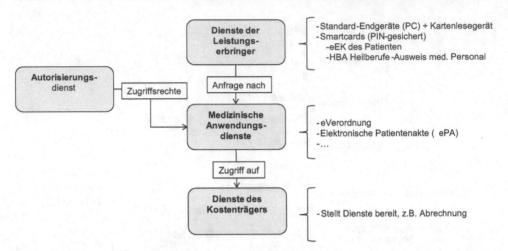

Abb. 4.6 Elemente der Telematik Infrastruktur der eGK. (Knipl und Sunyaev 2011, S. 81; Darstellung stark modifiziert und vereinfacht)

Medikamente, Uhrzeit, Verordnung. Die Software verfügt zudem über eine integrierte Archivierungslösung für die dauerhafte Dokumentation der Daten.

4.5 Anforderungen an medizinische Informationssysteme

Die Gesundheitswirtschaft stellt neben den in anderen Branchen üblichen allgemeinen Anforderungen eine Reihe spezieller Anforderungen an medizinische und teilweise auch unterstützende administrative oder unterstützende Informationssysteme (vgl. Abb. 4.7 in Anlehnung an (vgl. Behrendt 2009).

Übersicht über die Patientenhistorie Ärzte und Pflegepersonal benötigen eine jederzeit aktuelle Übersicht über die Krankengeschichte des Patienten einschließlich vorhandener Laborwerte und Befunde in Bild- und Textform, im Idealfall in Form einer elektronischen Patientenakte. Darüber hinaus benötigen sie aktuelle Informationen über den Pflegestatus des Patienten mit seinen Vitalwerten und Pflegemaßnahmen (vgl. Behrendt 2009).

Elektronische Anforderung und Darstellung von Untersuchungen Der medizinische Arbeitsablauf, also die Untersuchung, Behandlung und Nachsorge der Patienten erfordert eine durchgehende digitale Anforderung von Befunden, die zeitnahe Rückmeldung der Ergebnisse und die permanente Verfolgung des Bearbeitungsstatus und die Möglichkeit zur Priorisierung von Vorgängen aufgrund medizinischer oder sonstiger Erfordernisse (vgl. Behrendt 2009).

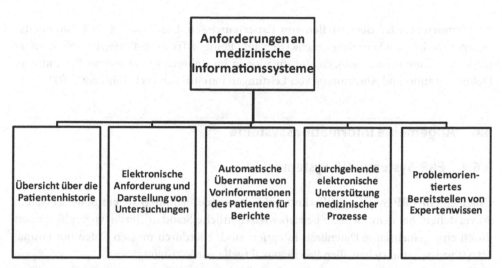

Abb. 4.7 Anforderungen an medizinische Informationssysteme. (Behrendt 2009)

Automatische Übernahme von Vorinformationen des Patienten für Berichte Die Erstellung von Berichten für die Zwecke der Dokumentation ist eine zeitraubende Aktivität. Sie kann die durch eine automatisierte Übernahme von Patienteninformationen erfolgen und den Arzt zeitlich entlasten. Im Krankenhauswesen erfolgt die Abrechnung von Leistungen auf Basis der (Diagnostik Related Groups) DRGs. Hierunter ist ein differenziertes, leistungsorientiertes und pauschalierendes Vergütungssystem zu verstehen, dass auf Basis von Diagnosen und Fallschweren sowie weiteren Parametern Leistungskennziffern ermittelt. Es dient der Steigerung von Wettbewerb und gilt als Instrument zur Reduzierung der Verweildauer (vgl. hierzu z. B. Lüngen und Lauterbach 2003).

Die aufwändige und erlösrelevante DRG-Abrechnung benötigt insbesondere eine Unterstützungsfunktionen zur automatischen Ableitung von Leistungskennziffern und DRGs aus der medizinischen Dokumentation (vgl. Behrendt 2009). Die Zuordnung von Behandlungen zu DRGs erfolgt i. d. R softwaregestützt mittels spezieller Anwendungssoftware, sogenannter Grouper-Systemen (vgl. z. B. AOK 2010). Unter der Internetadresse http://www.g-drg.de ist neben dem Fallpauschalenkatalog der DRG u. a. eine Liste der durch das Institut für das Entgeltsystem im Krankenhaus (InEK) zertifizierten Grouper-Softwaresysteme einzusehen.

Durchgehende elektronische Unterstützung medizinischer Arbeitsprozesse Medienbrüche und Bearbeiterwechsel sind typische Zeitfallen für Prozesse und bergen die Gefahr von Fehlern. Die elektronische Erfassung von Verordnungen und Medikamenten sowie die Verfolgung von deren Verabreichung, die Steuerung von medizinischen Behandlungspfaden und die Unterstützung der medizinischen Prozesse ist ein zentraler Punkt im Anforderungskatalog des Gesundheitswesens (vgl. Behrendt 2009).

Problemorientiertes Bereitstellen von Expertenwissen Die Arbeiten im Gesundheitswesen erfordern ein komplexes Fachwissen am „Point of Treatment". Hierbei sollen Informationssysteme kontextbezogene Informationen im Rahmen der Diagnose, Behandlung, Dokumentation und Abrechnung von Leistungen bereitstellen (vgl. Behrendt 2009).

4.6   Allgemeine Informationssysteme

4.6.1   ERP-Systeme/KIS-Systeme

Unter einem ERP-System (ERP = Enterprise Resource Planning) ist ein Softwaresystem zu verstehen, bei dem mehrere betriebswirtschaftliche Standard Business-Applikationen durch eine gemeinsame Datenbasis integriert sind. Hierdurch müssen Daten nur einmal erfasst werden und stehen allen Beteiligten aktuelle zur Verfügung.

Typische von ERP-Systemen unterstützte Prozesse sind Finanzwesen und Controlling, Produktionsplanung und Steuerung, Einkauf und Logistik, Vertrieb und Versand sowie Personal. Im Vordergrund stehen hier die interne Prozessunterstützung, weniger die Unterstützung zwischenbetrieblicher Geschäftsprozesse, also die Kommunikation mit anderen Unternehmen. Die individuelle Anpassung an unterschiedliche Bedürfnisse erfolgt durch Customizing, also die Parametrierung des Systems.

Branchenspezifische ERP-Systeme ERP-Systeme unterstützen den branchenneutralen Einsatz. Allerdings wurden in den letzten Jahren zahlreiche branchenspezifische Systeme oder Varianten von ERP-Systemen auf den Markt gebracht. Ein Beispiel für ein bekanntes ERP-System ist das System SAP® ERP der Firma SAP AG, die abgeleitete Branchenlösung ist SAP® for Healthcare. Wie weiteres in der Branche verbreitetes System ist „Orbis" von der Firma Agfa Healthcare.

Prozessunterstützung mit ERP-Systemen im Krankenhaus Die Unterstützung von ERP-Systemen in Krankenhäusern umfasst nach Perrevort (2003) in den Prozessbereichen Verwaltung, Medizin, Pflege und Kommunikation typischerweise die folgenden Geschäftsprozesse:

- *Verwaltung*: Patientenverwaltung ambulant/stationär, Finanzbuchhaltung (Anlagen, Kreditoren, Debitoren, Sachkonten), Materialwirtschaft, Kosten- und Leistungsrechnung, Controlling, Leistungsstatistik, Instandhaltung, Personalwesen, Küche, u. a.
- *Medizin*: Labor, Radiologie, Therapieplanung, OP-Planung, OP-Dokumentation, Anästhesieplanung und Dokumentation, Diagnoseverwaltung, u. a.
- *Pflege*: Dienstplangestaltung, Patientenklassifikation, Pflegeplanung, Pflegedokumentation, u. a.
- *Kommunikation*: Krankenhauskommunikation, Bürokommunikation (Verwaltung), Kommunikation mit Bild- und Tondaten, u. a.

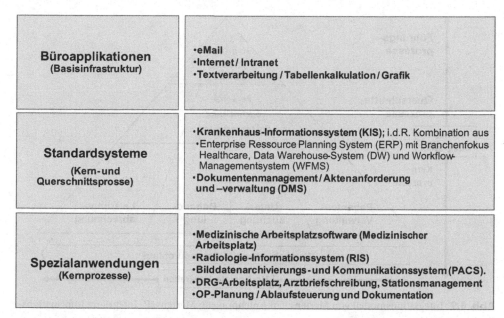

Büroapplikationen (Basisinfrastruktur)	•eMail •Internet/ Intranet •Textverarbeitung /Tabellenkalkulation/ Grafik

Standardsysteme
(Kern- und
Querschnittsprosse)
	•**Krankenhaus-Informationssystem (KIS)**; i.d.R. Kombination aus
	 •Enterprise Ressource Planning System (ERP) mit Branchenfokus
	  Healthcare, Data Warehouse-System (DW) und Workflow-
	  Managementsystem (WFMS)
	•**Dokumentenmanagement/ Aktenanforderung
	  und –verwaltung (DMS)**

Spezialanwendungen (Kernprozesse)	•**Medizinische Arbeitsplatzsoftware (Medizinischer Arbeitsplatz)** •**Radiologie-Informationssystem (RIS)** •**Bilddatenarchivierungs- und Kommunikationssystem (PACS).** •**DRG-Arbeitsplatz, Arztbriefschreibung, Stationsmanagement** •**OP-Planung / Ablaufsteuerung und Dokumentation**

Abb. 4.8 Softwareeinsatz im Krankenhaus

ERP vs. KIS Im Krankenhausumfeld sind ERP-Systeme unter dem Begriff „Kranken-hausinformationssystem (KIS) bekannt. Allerdings wird der KIS-Begriff meist etwas wei-ter gefasst, als in der Industrie üblich. Unter einem KIS wird zum Teil die Gesamtheit aller Informationssysteme im Krankenhaus verstanden. In Krankenhäusern kommen typi-scherweise die in Abb. 4.8 dargestellten Softwarekategorien zum Einsatz. Neben Standard-software wird vielfach Individualsoftware genutzt, oft nicht integriert sondern in Form von „Inselsystemen". Büroapplikationen stellen die allgemeine Basisinfrastruktur für die Kommunikation und individuelle Datenverarbeitung dar. Hierunter fallen Applikationen wie Email, Internet/Intranet, Textverarbeitung/Tabellenkalkulation/Grafikprogramme. Daneben werden Standardsysteme für die Unterstützung von Kernprozessen und Unter-stützungsprozessen eingesetzt. Dies sind Krankenhaus-Informationssysteme (KIS), also i. d. R Kombinationen aus klassischen aus der Industrie bekannten Enterprise Ressource Planning Systems (ERP) mit dem Branchenfokus Healthcare, Data Warehouse-Systeme (DW) für die Analyse und Entscheidungsunterstützung sowie Workflow-Managementsys-teme (WFMS) für die applikationsübergreifende Prozesssteuerung. Darüber hinaus finden Dokumentenmanagementsysteme (DMS) Verwendung, um die Vielzahl an Krankenakten zu verwalten.

Mertens (2009) hat ein Modell entwickelt, welches die horizontale und vertikale Integ-ration von Geschäftsprozessen in Unternehmen beschreibt. In Abb. 4.9 wird das Modell, angepasst an die Belange des Gesundheitswesens, dargestellt. Informationssysteme müs-sen einerseits entlang der Wertschöpfungskette (Untersuchung, Behandlung, Abrechnung)

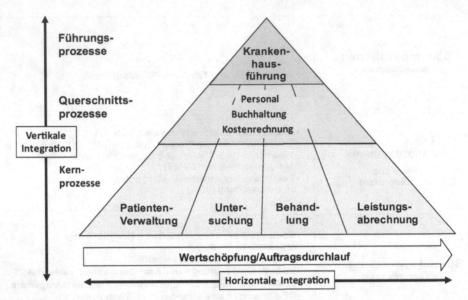

Abb. 4.9 Integrationsmodell von Mertens. (In Anlehnung an Mertens, P.: Integrierte Informations-verarbeitung 1)

integriert werden. Andererseits müssen Führungsinformationen verdichtet für Quer-schnitts- und Führungsprozesse bereitgestellt werden.

Ordnet man einige der dargestellten Informationssysteme des Gesundheitswesens in das Konzept von Mertens aus Abb. 4.9 ein, so ergibt sich die in Abb. 4.10 dargestellte Situa-tion der schwerpunktmäßigen Anwendung im jeweiligen Kontext des Modells. Workflow-Management-Systeme unterstützten Prozesse im gesamten Unternehmen, wenngleich der Schwerpunkt meist im Leistungserstellungsbereich liegt, da dort repetitive Prozesse mit vielen Beteiligten in großer Zahl auftreten. Krankenhausinformationssysteme (KIS) unterstützen schwerpunktmäßig interne Kern- und Querschnittsprozesse. Data Warehou-se-Systeme sammeln und verdichten Informationen und stellen sie zielgruppengerecht für Analysen und auch operative Prozesse zur Verfügung.

Referenzmodelle Standard-ERP-Systeme basierten auf so genannten Referenzmodellen. Sie beinhalten Geschäftsprozessmodelle und zum Teil auch Funktions-, Daten und Orga-nisationsmodelle, nach denen das System entwickelt wurde. Hierdurch sind die Systeme für eine Vielzahl an Unternehmen nutzbar, müssen aber im Rahmen der Einführung durch Customizing an die individuellen Belange angepasst werden. Nicht in allen Branchen haben Referenzprozesse bisher Verwendung gefunden. Vorreiter waren klassische Indust-riezweige wie Maschinen- und Anlagenbau, aber auch Handel und ausgewählte Dienstleis-tungsbereiche. Bedingt durch den Kostendruck finden standardisierte Geschäftsprozesse zunehmend auch im Gesundheitswesen Verwendung.

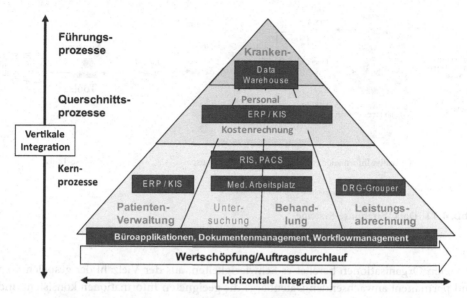

Abb. 4.10 Integrationsmodell für das Gesundheitswesen. (In Anlehnung an Mertens, P.: Integrierte Informationsverarbeitung 1)

Einsatz von Referenzmodellen im Gesundheitswesen

Die bisherige auf Tagespauschalen orientierte Vergütung wurde abgelöst und durch das DRG-Fallpauschalen-System abgelöst. Das neue Vergütungsmodell orientiert sich am Befund, nicht an der Verweildauer des Patienten im Krankenhaus. Die Folge hiervon ist ein verstärkter Kostendruck auf die Krankenhäuser. Als Konsequenz finden verstärkt betriebswirtschaftliche Denkweisen und Methoden Eingang in das Gesundheitswesen, wie z. B. die hier bedeutsame Beschreibung von „klinischen Behandlungspfaden" (Clinical Path-Way). Hierunter sind standardisierte Abläufe der notwendigen medizinischen Prozeduren mit Vorgaben für die am Behandlungsprozess Beteiligten zu verstehen, d. h. es handelt sich um Referenzprozesse für die Krankenhausorganisation.

Erste industrielle Referenzmodelle für das Gesundheitswesen werden beispielsweise im Software Produkt ClipMed® bereitgestellt, welches für die Bereitstellung von standardisierten Behandlungsabläufen (Behandlungspfade) entwickelt wurde (vgl. Greiling 2013).

4.6.2   Data Warehouse-Systeme

Daten sind Zeichen, die in Verbindung mit einer Syntax verwendet werden. Informationen liegen vor, wenn Daten eine Bedeutung für den Empfänger haben. Von Wissen wird gesprochen, wenn die Informationen internalisiert werden, d. h. der Empfänger verfügt über die Fähigkeit die Informationen für seine Entscheidungen zu nutzen (vgl. Wille 2000, S. 357).

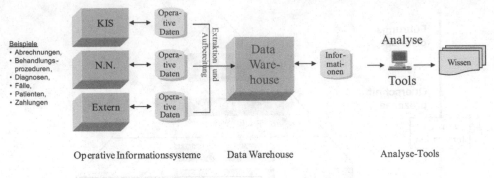

Abb. 4.11 Data Warehouse-Systeme

In vielen Organisationen bereitet es Schwierigkeiten, aus der Vielzahl der gespeicherten und permanent anwachsenden Datenberge die geeigneten Informationen konsistent und aktuell bereitzustellen und hieraus Wissen zu generieren.

Seit einigen Jahren werden daher *Data Warehouse-Systeme* genutzt, um dieser Situation zu begegnen. Ein Data Warehouse ist ein strukturierter Datenbestand, der laufend aus unterschiedlichen unternehmensinternen und externen Quellen gespeist wird. Die Daten werden zuvor formal bereinigt, inhaltlich überprüft und gefiltert und technisch verdichtet, so dass sie als konsistente Ausgangsbasis für weitere Analysen durch dedizierte Analysewerkzeuge zur Verfügung stehen.

Der gesamte Prozess zum Aufbau eines Data Warehouses wird als Data Warehousing bezeichnet. Das Hauptziel eines Data Warehouse ist es, aus den operativen Daten (z. B. eines Krankenhausinformationssystems) und externen Daten (z. B. Wechselkurse, Wetterdaten, Bonitäten von Lieferanten), diejenigen Informationen zu extrahieren und in geeigneter Form bereitzustellen, die für eine individuelle Entscheidungsfindung erforderlich sind (vgl. Abb. 4.11).

Ein Data Warehouse lässt sich vereinfacht dargestellt, mit einem Warenlager vergleichen, nur dass hier von einem „Informationslager" bzw. „Datenlager" gesprochen wird (vgl. Abb. 4.12). Diese Analogie macht deutlich, dass nicht nur die Art, Qualität und Menge der Waren (d. h. Information), sondern auch die Lagerorganisation (d. h. Zugriffsmöglichkeiten) für die Schnelligkeit des Warentransportes (d. h. Such- und physikalische Zugriffszeit) zum Empfänger von erheblicher Bedeutung sind. Ebenso wichtig, wie die termingerechte Belieferung eines gewöhnlichen Lagers ist, so wichtig ist für ein Data Warehouse die regelmäßige zeitnahe Aktualisierung des Informationsbestandes mit entscheidungsrelevanten Informationen.

Einsatzmöglichkeiten im Gesundheitswesen Der Einsatz von Data Warehouse-Systemen nimmt im Gesundheitswesen zu, wenngleich die Möglichkeiten sicher noch nicht gänzlich ausgeschöpft sind. Die AOK Hessen hat beispielsweise ein zentrales Data Warehouse auf-

Merkmal	Warenlager	Data-Warehouse
❑ Beschreibung	❑ Physikalisches Warenlager	❑ Physikalisches „Informationslager"
❑ Inhalt	❑ Art, Qualität und Menge der Waren	❑ Art, Qualität, Struktur und Menge der Informationen
❑ Lagerorganisation	❑ Ziel: Kurze Auslagerungszeit für Empfänger	❑ Ziel: Kurze Zugriffszeit auf Daten für Benutzer
❑ Aktualität	❑ Regelmäßige Belieferung mit neuen Waren	❑ Regelmäßige Aktualisierung der Informationen

Abb. 4.12 Data Warehouse als Informationslager

Tab. 4.2 Beispieldimensionen und Ausprägungen

Dimension	Ausprägungen
Klinik	Cuxhaven, Marburg, …
Zeitraum	2013, 2014, …
Produkt	DRG I46Z Prothesenwechsel am Hüftgelenk, …

gebaut, um Leistungsdaten schnell zu analysieren. Mit Hilfe eines Data-Mining-Werkzeugs sowie einer analytischen Datenbank ist die Krankenkasse in der Lage, aus über 800 Millionen Datensätzen Muster, Trends und Entwicklungen abzuleiten und entsprechend zu reagieren. Mögliche Fragen, die mit Hilfe des Data Warehouses beantwortet werden können, sind z. B.:

• Wie sieht der typische Verlauf einer Krankheit aus?
• Welche Behandlungsmethoden sind besonders erfolgreich?
• Gibt es Auffälligkeiten bei den Abrechnungen? (Sarsam 2009).

Speicherung der Daten Daten werden im Data Warehouse nach beliebigen Dimensionen dauerhaft gespeichert. Dimensionen sind Merkmale zur Beschreibung von Datensätzen, z. B.: Region, Produkt, Zeit, Anhand der Ausprägungen der Dimensionen lassen sich Daten später analysieren und interpretieren (Tab. 4.2).

Die auszuwertenden Daten werden in multidimensionalen Würfeln (Cubes) gehalten (vgl. Abb. 4.13). Cubes können gezielt nach unterschiedlichen Kriterien auf Basis der Dimensionen und Ausprägungen analysiert werden.

Ein Vorteil eines Data Warehouses besteht darin, dass nutzerspezifische Sichten erzeugt werden können, so dass die Analysekomplexität sinkt (vgl. Abb. 4.14).

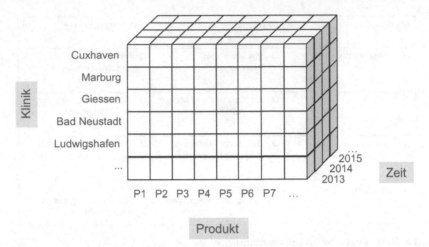

Abb. 4.13 Analysemöglichkeiten mit einem Data Warehouse

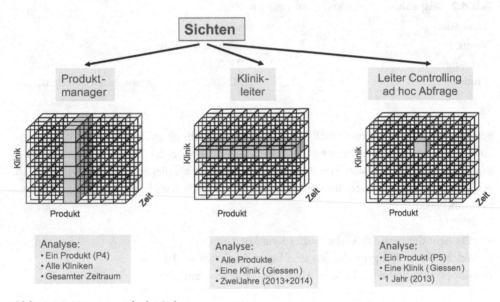

Abb. 4.14 Nutzerspezifische Sichten

Einsatz von SAP HANA bei der AOK zur Verbesserung von Vorsorgeprogrammen

Ein weiteres Anwendungsbeispiel für die Nutzung von Data Warehouse-Systemen wird von der Allgemeinen Ortskrankenkasse (AOK) berichtet. Sie setzt die neu entwickelte HANA-Datenbank der Firma SAP ein, um besser als bisher auf einem «Ozean von Daten» zu navigieren. Um Muster in Krankheitsverläufen zu erkennen, müssen große Kundendatenmengen analysiert werden. Anhand dieser Muster will die Krankenkasse künftig bessere individualisierte Vorsorgeprogramme etwa für Diabetes- oder Herzinsuffizienzvorsorge entwickeln. Die Informationen stammen aus zwölf eigenständigen, regionalen AOK-Geschäftsstellen mit insgesamt 24 Millionen Versicherten, aus über 370 Millionen ambulante Behandlungsfällen und 1,5 Milliarden dazugehörigen Diagnosen jährlich sowie weiteren medizinischen Daten (vgl. Schindler 2011).

4.6.3   Workflow-Management-Systeme (WFMS)

Workflow-Management-Systeme (WFMS) dienen der Modellierung, Simulation, Ausführung, Überwachung und Analyse von Geschäftsprozessen auf der Basis von Workflowmodellen, also von detailliert spezifizierten Geschäftsprozessen. Die Ausführung erfolgt manuell, teilautomatisiert oder automatisiert mit Hilfe von Applikationen, die unter der Kontrolle des WFMS ausgeführt werden. WFMS werden seit einiger Zeit auch als Business Process Management-Systeme bezeichnet.

Wann sollte man WFMS einsetzen? WFMS sind nicht in jedem Anwendungsfall sinnvoll. Der zu unterstützende Prozess muss zumindest teilweise automatisierbar sein und sollte regelmäßig stattfinden. Einmalprozesse sind nicht sinnvoll durch WFMS zu unterstützten. Je höher der Anteil repetitiver Tätigkeiten ist, desto eher sind WFMS jedoch sinnvoll. Die Komplexität (Struktur) der Prozesse kann unterschiedlich sein. Tendenziell sind WFMS eher für stark strukturierte Prozesse sinnvoll, da sie die Prozesslogik in Form von Workflow-Modellen beschreiben und damit auch dokumentieren. Aber auch einfache, weniger komplexe Prozesse, die mehrmals täglich laufen, sind für eine Unterstützung durch WFMS geeignet. Als Beispiel lassen sich Prozesse der Antragsbearbeitung anführen. Einfache Prozesse, die dagegen nur 1-2 Mal monatlich ausgeführt werden, kommen seltener in Frage.

Im Gesundheitswesen sind die folgenden Prozesse gute Kandidaten für eine Unterstützung durch ein WFMS:

- Terminsteuerung für Untersuchungen/Behandlungen/Operationsplanung,
- Erstellung und Überwachung standardisierter Abläufe für Diagnostik, Therapie und Nachsorge von „typischen" häufig wiederkehrenden Erkrankungen,
- Medikamentenbestellabwicklung,
- Patiententransportplanung,
- Verwaltungsprozesse, z. B. Patientenaufnahme, Datenerfassung, Abrechnung, Zuzahlungen,
- Personalprozesse, z. B. Dienstreiseabrechnung und Urlaubsantragsabwicklung.

Die Funktionsweise eines WFMS ist in der Prinzipdarstellung in Abb. 4.15 zu sehen. Ein aus mehreren Workflow-Schritten bestehender Workflow wird teils von verschiedenen Personen, teils durch unterschiedliche Anwendungen unterstützt. Zu sehen sind teilautomatisierte Workflow-Schritte mit personellen Eingriffen, aber auch ein vollautomatischer Workflow-Schritt. Die Anwendungen werden teilweise mit Hilfe klassischer Office-Produkte, aber auch mit ERP-Systemen oder selbst entwickelten Datenbanklösungen unterstützt.

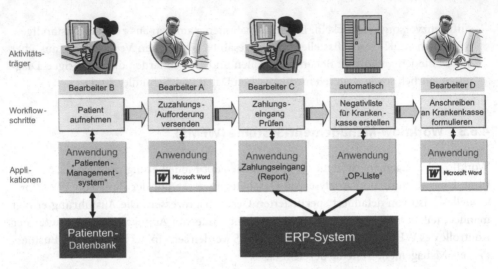

Abb. 4.15 Prinzipdarstellung WFMS

Krankenhaus-Management	Workflow-Management
❑ Gesamtes Behandlungsspektrum eines Krankenhauses	❑ Gesamtheit aller Workflow-Modelle eines Unternehmens
❑ Einzelbehandlung (z.B. Blinddarm-entfernung, Entbindung)	❑ Workflow-Modell eines Prozesses (z.B. Reisekostenabrechnung)
❑ Gesamtheit aller Ressourcen (Ops, Geräte, Ärzte, Pfleger, MTAs, Reinigungskräfte)	❑ Ressourcen-Modell (Personen, Daten, Applikationen)
❑ Zugeordneter OP (z.B. OP-3, 17.04.2004, 15.00 – 19.00 Uhr)	❑ Workflow-Instanz (z.B. Reisekosten-abrechnung Nr. 08/15 vom 18.03.2004)
❑ Raumänderung zur Umgehung von kurzfristig auftretenden Störung (z.B. Notfallbehandlung im vorgesehenen OP-Saal)	❑ Kurzfristige Änderung eines (fallbezogenen oder ac hoc) Workflows (z.B. Überspringen der Wirtschaftlichkeitsprüfung einer Dienstreise bei Eilbedürftigkeit)
❑ OP-Überwachung der Belegungsdaten eines Krankenhauses mit mehreren OPs	❑ Monitoring der aktiven Workflow-Instanzen in Echtzeit
❑ Analyse von Kennzahlen über Verspätun en, Störungen, Patientenzahlen u.a.	❑ Analyse von ausgeführten Workflow-Instanzen hinsichtlich Durchlaufzeit, Liegezeit, Kostenanfall u.a.

Abb. 4.16 Begriffe WMFS

In Abb. 4.16 werden einige technische Begriffe mit den inhaltlichen Aspekten des Krankenhausmanagements verglichen. Die Gesamtmenge aller Workflow-Modelle entspricht dem gesamten Behandlungsspektrum eines Krankenhauses. Ein Workflow-Modell beschreibt einen einzelnen kaufmännischen oder medizinischen Prozess auf der technischen Ebene so, dass er durch das WFMS ausführbar, also steuerbar ist. Für die Ablaufsteuerung benötigt ein WFMS ein detailliertes Ressourcenmodell, in dem alle Personen, Daten, Applikationen u. a. spezifiziert werden. In einem Krankenhaus sind dies beispielsweise die

Operationsräume, technischen Geräte, Ärzte, Pfleger, Medizinisch Technische Assistenten (MTA) und Reinigungskräfte. Workflowinstanzen sind Ausprägungen eines Workflow-modells, also eine konkrete Operation eines Patienten zu einem bestimmten Zeitpunkt. WFMS müssen auch auf kurzfristige Änderungen, z. B. einen Notfall reagieren und dann eine Raumänderung o. ä. Maßnahmen zulassen. Das Monitoring aktiver Workflow-Instan-zen (laufender Operationen und Untersuchungen) sowie deren nachträgliche Analyse erlaubt es, Schwachstellen aufzuspüren und Prozesse in der Zukunft weiter zu verbessern.

4.6.4 Mobile Systeme

Der Einsatz von Software im Gesundheitswesen ist seit einiger Zeit in Bewegung gekom-men. Die Dynamik hat stark zugenommen, seit mobile Systeme (z. B. Smartphones, Tab-let-PCs) Einzug in Krankenhäuser erhalten haben. Die Bedeutung des Einsatzes mobiler Endgeräte nimmt seit längerem deutlich zu (vgl. z. B. Leimeister 2005, S. 74). So erlauben Mobile Electronic-Data-Capture-Systeme (EDC-Systeme) beispielsweise die Erfassung von Patientendaten in Echtzeit (Prinz und Leimeister 2012, S. 73).

4.7 Branchenspezifische Informationssysteme

4.7.1 Aktuelle Situation

Branchenneutrale Informationssysteme wurden bereits ausführlich vorgestellt. Daneben sind im Gesundheitswesen weitere, spezialisierte Informationssysteme im Einsatz, die auf Branchenneutralen Systemen aufbauen oder eigenständige Kategorien darstellen. Sie werden nachfolgend kurz charakterisiert. Hierzu zählen z. B. Arztpraxisinformationssyste-me (APIS), Apothekeninformationssysteme (APOIS), Krankenhausinformationssysteme (KIS).

Eine aktuelle wissenschaftliche Studie hat die „Top Five" der im Einsatz und in Pla-nung befindlichen Informationssysteme in deutschen Krankenhäusern ermittelt (Köbler et al. 2010). Derzeit dominieren noch administrative Systeme. Allerdings zeichnet sich ein Trend zu mehr integrativer und Informationsorientierter IT-Unterstützung im medizini-schen Umfeld ab.

Die im Einsatz befindlichen Top 5 Anwendungen unterstützen die folgenden Einsatz-bereiche:

- Finanzbuchhaltung (administrativ),
- DRG-Gruppierung (administrativ),
- Personalverwaltung und Lohnbuchhaltung (administrativ),
- Therapie und Behandlung (medizinisch),
- Labor sowie Ambulanz (medizinisch).

In der Zukunft sind von den Krankenhäusern stärker medizinische Anwendungen geplant:

- Pflegeinformationssystem (med.),
- Verordnungssystem (medizinisch),
- Ressourcenplanung (administrativ),
- Intensivmedizin (medizinisch),
- Elektronisches Bildarchiv (medizinisch).

Diese Analyse zeigt, dass sich der IT-Einsatz stärker auf Kernaufgaben fokussiert und damit beiträgt, das Gesundheitswesen auf das aktuelle industrielle Niveau anzuheben.

4.7.2 Arztpraxis-Informationssystem (APIS)

Ein Arztpraxis-Informationssystem dient der Unterstützung von patientenbezogenen Verwaltungs-, Planungs- und Abrechnungsprozessen einer Arztpraxis. Typische Prozessunterstützungsfunktionen sind die Stammdatenverwaltung von Patienten, die Führung von elektronischen Patientenakten, das Terminmanagement im Wartezimmer und in den Behandlungsräumen sowie die Abrechnung von ärztlichen Leistungen, der Formulardruck (z. B. Rezept, Krankmeldung, Überweisung) und verschiedene statistische Auswertungen. Da seit dem 01.01.2011 die „Onlineabrechnung" für alle niedergelassenen Ärzte durch ein von der Kassenärztlichen Vereinigung der Ärzte (KBV) zugelassenes System vorgeschrieben ist (vgl. KBV 2011), ist der Einsatz von APIS mittlerweile der Regelfall.

4.7.3 Apotheken-Informationssystem (APOIS)

Ein Apotheken-Informationssystem dient der Unterstützung von Verwaltungs-, Planungs- und Abrechnungsprozessen einer Apotheke. Hierzu zählen Einzelfunktionen wie die Kassenführung, Warenwirtschaft mit Bestellwesen, Rezepturverwaltung, elektronische Dokumentation von Medikationen sowie die Unterstützung von Querschnittsprozessen wie Finanz- und Rechnungswesen, Abrechnung.

4.7.4 Krankenhausinformationssysteme (KIS)

Ein Krankenhaus-Informationssystems (KIS) dient der Unterstützung administrativer Prozesse einer Klinik, insb. Planung, der Abrechnung und Controlling, Pflegedokumentation und dem Auftragsmanagement.

Ein KIS ist das führende Patienten-Informationssystem, d. h. die Daten von Patienten werden zunächst im KIS erfasst und anschließend an andere im Prozess beteiligte Systeme in der notwendigen Detaillierung weiter geleitet. Im Regelfall entspricht ein KIS der

Funktionalität eines ERP-Systems mit dem Branchenfokus „Gesundheitswirtschaft" bzw. Krankenhaus. Typische Produktbeispiele sind „iMedOne" (Tieto), „Nexus Components" (Nexus), „Orbis" (Agfa Healthcare) und „SAP Healthcare" (SAP).

4.7.5 Radiologie-Informationssysteme (RIS)

Ein Radiologie-Informationssystem (RIS) dient dem Patientenmanagement in der Radiologie inklusive Organisation (Patientenstammdatenverwaltung, Terminplanung), Dokumentation (Darstellung und Verwaltung von Bilddaten, dauerhafte Ablage der Dokumente), Abrechnung und Statistik. Es steuert alle Abläufe in der Abteilung, insb. die Abarbeitung von Röntgenanforderungen und optimalen Auslastung der Geräte.

4.7.6 Picture Archiving and Communication Systeme (PACS)

Ein Bilddatenarchivierungs- und Kommunikationssystem (Picture Archiving and Communication System, PACS) dient der Erfassung von Bilddaten aus allen in der Medizin üblichen bildgebenden Geräte (sogenannte Modalitäten) wie Kardiologie, Endoskopie u. a. Es unterstützt das Handling aller anfallenden Bilder und der zugehörigen Befunde und stellt die gesetzeskonforme Archivierung sicher. Die Daten werden i. d. R auf einem Server zwischengespeichert und langfristig auf Archiven gesichert. Die Speicherung der Daten erfolgt auf Basis des DICOM-Standards (vgl. Abschn. 5.2), mit dem eine herstellerunabhängige Datenverarbeitung möglich ist.

Im Idealfall ist eine integrierte Softwarelösung anzustreben, welche die gesamte medizinische Dokumentation (Textinformationen, Röntgenbilder, Videos u. a.) verwaltet und in einer einheitlichen Darstellungssoftware (Viewer) auf beliebigen Endgeräten (Personal-Computer, mobile Endgeräte wie Tablets u. a.) darstellt. In der Realität sind jedoch häufig noch unterschiedliche proprietäre Lösungen im Einsatz, die eine Abteilungsübergreifende Nutzung von Bilddaten erschweren (Zedlacher 2012).

4.7.7 Zuweiserportale

Zuweiserportale sind Systeme zur digitalen Einsichtnahme in patientenbezogene Daten eines Krankenhauses durch den nachbehandelnden niedergelassenen Arzt (z. B. Hausarzt, Spezialist). Die Technologie ist eine webbasierte Plattform des jeweiligen Krankenhauses im geschützten Extranet, d. h. einen Außenzugriff in das interne Netz über ein gesichertes Virtual Private Network (VPN). Der Zugang erfolgt nur über authentifizierte niedergelassene Ärzte. Der Zuweiser, d. h. der niedergelassene Arzt, benötigt für den Zugang nur einen internetfähigen Computer. Das Management der Hardware, Software und die Datenhaltung obliegen dem jeweiligen Krankenhaus.

4.7.8   Master Patient Index (MPI)

Ein Master Patient Index (MPI) ist ein System zur krankenhausübergreifenden Verwaltung einer einheitlichen Patienten-Identifikation. Es dient der Zusammenführung dezentraler Patientendaten/-akten. Die Ursache für die Notwendigkeit eines MPI ist darin zu sehen, dass sich Krankenhäuser aus verschiedenen Gründen zusammenschließen, aber Ihre ursprünglichen KIS aus Kostengründen beibehalten möchten. Dies führt dazu, dass die Patientendaten weiterhin dezentral in den einzelnen Häusern gespeichert werden. Mangels einer bundeseinheitlichen IT-Infrastruktur für das gesamte Gesundheitswesen sind Datenkonvertierungen erforderlich. Die Datenstrukturen der beteiligten Krankenhäuser sind meist nicht standardisiert und müssen vor einem Austausch zugeordnet und ggf. angepasst werden. Die eingesetzte Technologie zur Realisierung eines MPI sind zentrale Daten- und Dokumentenserver, die von den angebundenen Kliniken betrieben und genutzt werden.

4.8   Wiederholungsfragen

- Welche besonderen Anforderungen müssen medizinische Informationssysteme im Vergleich zu administrativen Systemen erfüllen?
- Skizzieren Sie die Entwicklung der Generationen von IT-Systemen in Krankenhäusern
- Erklären Sie den Begriff der Gesundheitstelematik
- Grenzen Sie ab: eGK, eGA, ePA,
- Erläutern Sie das Grundprinzip der Health Telematik
- Erläutern Sie Anforderungen an medizinische Informationssysteme
- Was unterscheidet ein KIS von einem ERP-System in der Industrie?
- Erläutern Sie Einsatzmöglichkeiten von Data Warehouse-Systemen im Gesundheitswesen
- Grenzen Sie ab: KIS – RIS – PACS
- Grenzen Sie ab: APIS – APOIS

Literatur

Amelung, V.; Wolf, S.; Turina, B.: Medical-Apps auf dem Vormarsch. Chance für eine effizientere und effektivere Gesundheitsversorgung, in: KU spezial IT im Krankenhaus, S. 8–11 (2013)

Amirie, S.; Klocke, B.: Hospital Engineering, Informationslogistik für zukunftsfähige Krankenhäuser. In: KU Gesundheitsmanagement, Heft 4, S. 34–37 (2013)

AOK: Übersicht über die für 2009 gültigen Landesbasisfallwerte in den einzelnen Bundesländern http://www.aok-Gesundheitspartner.de/inc_ges/download/dl.php/bundesverband/krankenhaus/imperia/md/content/gesundheitspartner/bund/krankenhaus/budgetverhandlungen/lbfw_2009_uebersicht.pdf (2010). Abruf am 08.01.2010

Ärztezeitung (Hrsg.): Aus für digitale Krankenakte Google Health, http://www.aerztezeitung.de/panorama/article/660558/digitale-krankenakte-google-health.html (2012). Abruf 23.04.2012

Behrendt, I.: Klinische Informationssysteme im Krankenhausmanagement: Eine neue Sicht auf die Entwicklung und die Einführung innovativer KIS. In: Behrendt, I.; König, H.-J.; Krystek, U.

(Hrsg.) Zukunftsorientierter Wandel im Krankenhausmanagement, S. 185–186. Berlin und Heidelberg (2009)

Beiß, J.: IT meets Medizintechnik – Prozessoptimierung in der medizinischen Dokumentation, Düsseldorf, 18. Krankenhaustag (2010)

Entscheiderfabrik: Digitale Patientenaufklärung von Thieme Compliance belegt ersten Platz bei der „Entscheiderfabrik 2012". In: European Hospital, 17.02.2010, http://www.european-hospital. com/de/article/9447-digitale_Patientenaufkl%C3%A4rung_von_Thieme_Compliance_belegt_ ersten_Platz_bei_der_%E2%80%9EEntscheiderfabrik_2012%E2%80%9C.html (2012). Abruf am 22.02.2012

Frodl, A.: E-Health-Economics, Wirtschaftsinformatik und Management, Heft 02, S. 32–40 (2011)

Greiling, M.: Permanente prozessorientierte Planung der Patientenversorgung, Verbundprojekt „Prozess-Benchmarking" im Caritasverband mit fünf Kliniken. In: KU Krankenhausmanagement, Heft 4, S. 38–42 (2013)

HealthTechWire (Hrsg.): Den Nagel auf den Kopf getroffen, http://www.healthtechwire.de/conhitmesse-berlin-gmbh/den-nagel-auf-den-kopf-getroffen-3359/ (2013). Abruf am 13.04.2013

Johner, C.; Haas, P. (Hrsg.): Praxishandbuch IT im Gesundheitswesen, München (2009)

Johner, C.; Hölzer-Klüpfel, M.; Wittorf, S.: Basiswissen Medizinische Software, Heidelberg (2011)

Josef Hospital (Hrsg.): Elektronische Patientenakte setzt sich durch, Zeitung aus dem Krankenhaus Beuel, Frühjahr, S. 1 (2012)

Haas, P.; Kuhn, K.: Krankenhausinformationssysteme, Berlin et al., 3. Aufl. (2007)

Haas, P.: Medizinische Informationssysteme und Elektronische Krankenakten, Berlin (2009)

Hanse-Merkur: Pressemitteilung, Hanse-Merkur bietet Leistungsregulierung 2.0, Erste Rechnungs-App optimiert Kundenservice in der Privaten Krankenvollversicherung, http://www.hansemerkur.de/presse/16082011_rechnungsapp (2012). Abruf am 07.09.2012

KBV (Hrsg.): Online-Abrechnung, www.kbv.de, (2011) Abruf am 02.07.2013

Knipl, S.; Sunyaev, A.: Elektronische Gesundheitskarte: Sicherheitsbetrachtung der deutschen Telematikinfrastruktur, HMD 281, S. 80–88 (2011)

Köbler, F.; Fähling, J.; Krcmar, H.; Leimeister, J.M.: IT-Governance und IT-Entscheidertypen in deutschen Krankenhäusern, WIRTSCHAFTSINFORMATIK, 52. Jg.; Heft 6, S. 353–365 (2010)

Leimeister, J.M.; Krcmar, H.; Horsch, A.; Kuhn, K.: Mobile Systeme für Patienten, in: Praxis der Wirtschaftsinformatik, HMD 244, S. 74–85 (2005)

Liebe, J.-D.; Egbert, N.; Hübner, U.: IT jenseits von Dokumentation und Erlössicherung, KU Special IT im Krankenhaus, S. 11–14 (2012)

Lüngen, M.; Lauterbach, K.W.: DRG in deutschen Krankenhäusern – Umsetzung und Auswirkungen, Stuttgart, S. 31 (2003)

Lux, Th.; Raphael, H.: Prozessorientierte Krankenhausinformationssysteme. In: Praxis der Wirtschaftsinformatik, HMD 269, Heft, S. 70–78 (2010)

Mauro, Ch.; Leimeister, J.M.; Krcmar, H.: Medizintechnik goes SOA. In: Wirtschaftsinformatik und Management (WuM), Heft 02, S. 24–29 (2011a)

Mauro, Ch.; Leimeister, J.M.; Krcmar, H.: Serviceorientierte Integration medizinischer Geräte. In: Informatik Spektrum, 34 Jg., Heft 03, S. 276–285 (2011b)

Mertens, P.: Integrierte Informationsverarbeitung 1: Operative Systeme in der Industrie, 15. Aufl. (2009). Wiesbaden

Nilmini, W.; Kirn, St.: E-Health und Zukunft der Informationssysteme im Gesundheitswesen. In: WIRTSCHAFTSINFORMATIK, Heft 1, S. 1–2 (2013)

Prinz, A.; Leimeister, J.M.: Mobile Systeme im Gesundheitswesen, NFC-basiertes Electronic Data Capturing, in: Praxis der Wirtschaftsinformatik, HMD 286, S. 73–82 (2012)

Perrevort, F.: Arbeitsberichte zum Management im Gesundheitswesen, Modellierung eines integrierten Informations- und Kommunikationssystems im Krankenhaus – ARIS in der Anwendung, Arbeitsbericht Nr. 4, Köln (2003)

Reichert, M.; Dadam, P.; Mangold, R.; Kreienberg, R.: Computerbasierte Unterstützung von Arbeits-
    abläufen im Krankenhaus – Konzepte, Technologien und deren Anwendung, Ulm (2000). http://
    dbis.eprints.uni-ulm.de/238/1/RDMK00.pdf

Sarsam, S.: Krankenkasse AOK Hessen, Schneller an die Daten, in CIO-Magazin. http://www.cio.de
    (2009). Abruf am 09.12.2009

Schindler, M.: AOK macht Gesundheitsvorsorge mit SAP HANA. www.silicon.de (2011). Abruf am
    14.11.2011

Schlegel, H. (Hrsg.): Steuerung der IT im Klinikmanagement. Wiesbaden (2010)

Wier, H.: KIS, RIS und PACS. Das Chaos in der Krankenhaus-IT. In: CIO Healthcare. http://www.
    cio.de/healthcareit/strategien/2239426/index2.html (2010). Abruf am 13.08.2010

Wier, H.: Bessere Compliance als Ziel. Chip in der Pille sendet via App SMS. In: CIO-Magazin,
    15.01.2012. http://www.cio.de/healthcareit/strategien/2890955/index.html (2012). Abruf am
    03.09.2012

Wiehr, H.: Problem Datenschutz Asklepios führt E-Patientenakte ein. In: CIO-Magazin, Healthcare.
    http://www.cio.de/healthcareit/strategien/2303837/?qle=rssfeed_ (2012). Abruf am 08.02.2012

Wille, R.: Begriffliche Wissensverarbeitung: Theorie und Praxis. In: Informatik Spektrum, Bd. 23,
    Heft 6, S. 357–372 (2000)

Zedlacher, G.: Effizientere Organisation medizinischer Bilddaten. In: Management & Krankenhaus,
    05.11.2012, Heft 11/2012, Seite 24 (2012)

Spezielle Fragestellungen

5.1 IT-Governance & IT-Management im Gesundheitswesen

Die Besonderheiten des IT-Einsatzes im Krankenhaus müssen berücksichtigen, dass in Krankenhäusern ein vergleichsweise geringes IT-Budget zur Verfügung steht und hohe Anforderungen an Krankenhausinformationssysteme dazu im Gegensatz stehen. Sie erfordern eine intensive Rationalisierung, Automatisierung und Effizienzsteigerung der Krankenhausprozesse. Die Folge ist häufig eine Überforderung der IT-Abteilungen, die die Anforderungen der Fachabteilung mit dem gegebenen geringe Budgetrahmen nicht abdecken können (vgl. Behrendt 2009, S. 108).

Krankenhausstrategie Eine systematische Vorgehensweise, die sich an üblichen Industriestandards orientiert, ist in Abb. 5.1 dargestellt. Ausgehend von einer inhaltlichen Krankenhausstrategie wird eine IT-Strategie entwickelt. Die Krankenhausstrategie gibt den Rahmen vor und enthält Aspekte wie z. B. Standorte, im Portfolio aufzunehmende Behandlungsmethoden, Fachliche medizinische Schwerpunkte, geplante Baumaßnahmen und eine Finanz- und Liquiditätsplanung.

IT-Strategie Eventuelle Restriktionen ergeben sich aus der IT-Strategie, welche Themen aufgreift wie z. B. IT-Gesamtbudget und Aufteilung auf Investitionen und Projekte, Prinzipien der Projektpriorisierung. IT-Standards, Rahmenvorgaben und Fragen des IT-Outsourcings. Die IT-Strategie dient der Umsetzung und dem Monitoring geeigneter Maßnahmen zur Realisierung strategischer Krankenhausziele. Wichtige Inhalte der IT-Strategie sind:

- Formulierung eines zukünftigen Sollzustandes (Wohin wollen wir?)
- Auflistung des Handlungsbedarfs (Was müssen wir tun? Wo sind Schwachstellen?)
- Aufzeigen von Handlungsoptionen (Was haben wir für Alternativen?)

A. Gadatsch, *IT-gestütztes Prozessmanagement im Gesundheitswesen,*
DOI 10.1007/978-3-658-01166-6_5, © Springer Fachmedien Wiesbaden 2013

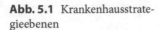

Abb. 5.1 Krankenhausstrate-
gieebenen

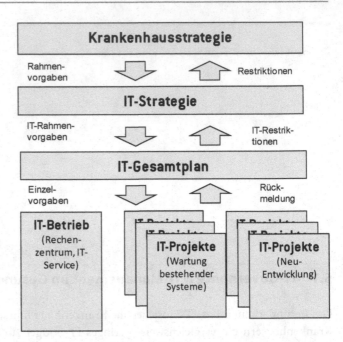

- Setzen von Zielen und Definieren von Maßnahmen (Was ist konkret zu tun? Wann
  sollen die Ziele erreicht werden?)
- Benennung der Verantwortungsträger (Wer führt die Maßnahmen durch?)
- Bestimmung von Messgrößen für das Ziel-Monitoring (Wann haben wir die Ziele
  erreicht?)

Die aktuelle Situation im Gesundheitswesen im Hinblick auf die Durchdringung mit ad-
äquaten IT-Strategien muss eher kritisch betrachtet werden. Häufig wird die Notwendigkeit einer IT-Strategie bestritten und eher auf Anforderungen reagiert, als dass aktiv agiert
und vorausschauend geplant wird (vgl. z. B. Janssen und Meisen 2013).

Gesamtplan Aus der IT-Strategie wird der Gesamtplan entwickelt. Er beschreibt konkrete Maßnahmen wie die Projekt-Portfolioplanung für einen bestimmten Zeitraum, die
Mittelvergabe an Projekte und die grobe Meta-Projektplanung zur Abstimmung über alle
Projekte hinweg. Der Gesamtplan macht Einzelvorgaben für den IT-Betrieb des Rechen-
zentrums und des IT-Services sowie der Wartungs- und Neuentwicklungsprojekte. Projekte sind einzelne in sich abgeschlossene Maßnahmen wie z. B. Vernetzung mehrerer
Standorte, Einführung der elektronischen Patientenakte oder die Einführung eines neuen
Zuweiser-Portals. Für weiterführend interessierte Leser wird auf die Literatur zu IT-Governance im Krankenhaus verwiesen (vgl. z. B. Köbler et al. 2010; Schlegel 2010).

5.2 IT-Standards

5.2.1 Standardisierungsökonomie

IT-Standards sind von enormer Bedeutung für den wirtschaftlichen und qualitativen hochwertigen IT-Einsatz in Unternehmen. Im Rahmen der Standardisierungsökonomie werden Fragen der Auswahl, Entwicklung und Durchsetzung von Standards sowie ihres Nutzens behandelt (Krcmar 2005, S. 223 f.). Standards sind demnach Netzeffektgüter, d. h. ihr Nutzen hängt stark von ihrer Verbreitung ab. Ein bekannter IT-Standard ist das Internetprotokolls „http", welches die Regeln für den Datenaustausch zwischen verschiedenen Rechnern beschreibt. Dieser Standard brachte für die ersten Nutzer keinen großen Nutzen, erst durch die weltweite Verbreitung der Technologie entstand ein Nutzen für die an das Internet angeschlossenen Teilnehmer.

Netzeffekte Krcmar unterscheidet direkte und indirekte Netzeffekte (Krcmar 2005, S. 224). Bei direkten Netzeffekten steigt der Nutzen proportional mit der Teilnehmeranzahl an (z. B. Skype-Telefonie, Soziale Netzwerke wie XING). Bei indirekten Netzeffekten hängt der Nutzen von der Verfügbarkeit von Komplementärgütern oder Komplementärdienstleistungen ab (z. B. setzt die Nutzung von Elektro-Autos eine ausreichende Anzahl von „Stromtankstellen" voraus).

Wirkung von IT-Standards IT-Standards wirken u. a. als Kaufanreiz, da IT-Produkte, die üblichen Standards entsprechen, einfacher einzusetzen sind (z. B. Personal-Computer). Andererseits besteht die Gefahr einer Fehlinvestition, wenn ein Standard ausgewählt wird, der sich später nicht erfolgreich im Markt platzieren kann. Beim Wechsel eines gewählten Standards muss der Nutzen des neuen Standards die Umstellungskosten dauerhaft kompensieren. Typische Beispiele in Unternehmen sind Wechsel von Bürosoftwarepaketen (Textverarbeitung, Mail, Tabellenkalkulation) oder KIS-Systemen.

5.2.2 Standardisierung in der IT

Standardisierungsfelder Eine historisch gewachsene IT-Infrastruktur mit zahlreichen Lösungen für gleichartige Problemstellungen (z. B. Nutzung unterschiedlicher KIS-Systeme, E-Mail-Programme oder Betriebssysteme, Einsatz unterschiedlicher PC-Typen, Einkauf bei verschiedenen PC-Herstellern) führt zu hohen Kosten für die Aufrechterhaltung der Betriebsbereitschaft. Viele Unternehmen stehen vor der Herausforderung, die Anzahl der unterschiedlichen Lösungsvarianten zu reduzieren. Im Rahmen der IT-Strategieentwicklung sind zu Fragestellungen des Informationsmanagements (IT-Prozesse, IT-Projektmanagement, Qualitätsmanagement, IT-Sicherheit) aus zahlreichen, teilweise auch konkurrierenden externen Standards (Hersteller-Standards, Standards von Normie-

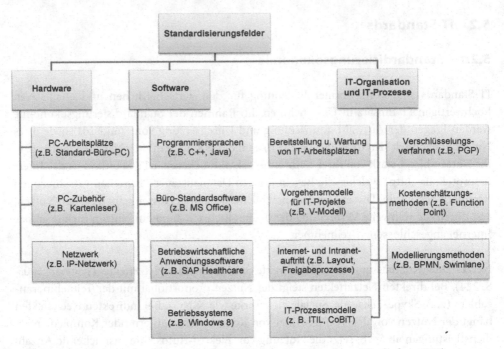

Abb. 5.2 Standardisierungsfelder in der IT. (Gadatsch, A.: Controlling, Wiesbaden, 2012)

rungsgremien und gesetzlichen geregelten Standards) als hausinterne IT-Standards auszuwählen, ggf. anzupassen und anzuwenden.

Zielsetzung von Standards Das Ziel der Standardisierung besteht darin, eine angemessene und sinnvolle IT-Ausstattung für den Großteil der IT-Anwender im Unternehmen festzulegen und nicht die IT-Anforderungen eines einzelnen Benutzers umfassend abzudecken (vgl. Buchta et al. 2004, S. 152). Durch einheitliche Informationssysteme und IT-Prozesse sinken die Kosten für Einführung, Betrieb und Wartung in erheblichem Umfang. Einige Beispiele für Standardisierungsfelder sind in Abb. 5.2 dokumentiert.

Hardware Im Bereich der IT-Hardware sind Intel basierte Arbeitsplatzcomputer weit verbreitet. Zunehmend werden auch mobile Endgeräte auf anderen Plattformen (Tablet-PCs, Smartphones) eingesetzt. Innerhalb des Unternehmens ist darauf zu achten, dass möglichst nur standardisierte Komplettsysteme mit der im Unternehmen üblichen Softwaregrundausstattung zum Einsatz kommen. Hierzu sind Standard-IT-Arbeitsplätze zu definieren, die an unterschiedlichen Einsatzszenarien (Büroarbeitsplatz für Verwaltungskräfte, stationärer medizinischer Arbeitsplatz, mobiler Arbeitsplatz (z. B. für die Visite)) orientiert sind.

Software Im Bereich der Softwareentwicklung hat die Verwendung von Standards durch Nutzung standardisierter Programmiersprachen wie C++ oder Java eine lange Tradition. Hinzu kommt die Nutzung von weit verbreiteten Industriestandards, wie z. B. die Programmiersprache ABAP® der SAP AG.

Häufig verwenden Krankenhäuser Standardsoftwarepakete, wie etwa das Produkt SAP® Healthcare und definieren die Nutzung für den abgedeckten Bezugsbereich (z. B. Patientenverwaltung, Abrechnung, Lagerhaltung, Finanzen und Personal) als obligatorisch.

IT-Organisation und Prozesse Standards für die IT-Organisation und Prozesse in der IT nehmen an Bedeutung zu. Hinzu kommt, dass Marktstandards, wie sie aus den Bereichen Hard- und Software bekannt sind, hier weniger stark bekannt sind. Deshalb lassen sich zahlreiche Beispiele für die Standardisierung finden. So sind z. B. die Prozesse für die Bereitstellung, Wartung und Entsorgung von Computerarbeitsplätzen Aufgaben, die häufig nicht in standardisierter Form vorliegen und vergleichsweise hohe Kosten verursachen (vgl. hierzu das Kapitel IT-Arbeitsplatzmanagement).

Vorgehensmodelle für die Softwareentwicklung und deren Dokumentation sind in Softwarehäusern und größeren Unternehmen vorzufinden, in kleineren Unternehmen jedoch weniger stark verbreitet. Das gleiche gilt für Methoden der Kostenschätzung, die in den Projekten zum Einsatz kommen sollen. Bei Unternehmen mit hoher Eigenentwicklungsquote findet man z. B. häufig die Function-Point-Methode, bei SAP-Anwendern wird z. T. die von der SAP AG bereitgestellte ASAP®-Methode eingesetzt (vgl. hierzu Gadatsch 2004).

Nutzt ein Unternehmen die Möglichkeit, E-Mails und weitere elektronische Dokumente verschlüsselt auszutauschen, so sind selbstverständlich einheitliche Verschlüsselungsmethoden einzuhalten. Die Vielzahl der innerhalb der in Unternehmen aufgebauten Intranet-Server und vor allem der nach außen gerichteten Internetserver müssen mit einheitlichen Layoutvorschriften und Freigabeprozessen standardisiert werden, um einem „Wildwuchs" hinsichtlich der Inhalte und Gestaltung entgegenzuwirken. Werden im Unternehmen Geschäftsprozessmodelle erstellt, so ist es sinnvoll, dass die hierfür verwendeten Modellierungsmethoden (z. B. die häufig genutzten ereignisgesteuerten Prozessketten, EPK) einheitlich verwendet werden.

5.2.3   Umsetzung

Nutzen der Standardisierung Der Nutzen der Standardisierung liegt in der kostengünstigeren Beschaffung, einfacheren Administration, Anwendung und Vernetzung von IT-Komponenten. IT-Standards senken u. a. die Kommunikationskosten, da weniger Medienbrüche anfallen (z. B. bei Einsatz von Emailsystemen basierend auf dem pop3-Standard) und schützen Investitionen von Systemen, die auf der Offenheit von Standards basieren (z. B. Workflow-Managementsysteme, die den Standard der Workflow-Management-Coalition unterstützen). Sie senken die Einarbeitungs- und Einführungszeiten (z. B. Standard-

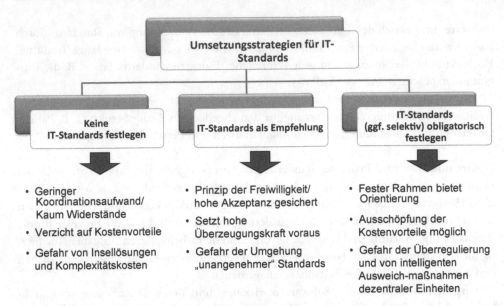

Abb. 5.3 Umsetzungsstrategien. (Gadatsch, A.: IT-Controlling, Wiesbaden, 2012)

software wie MS Office, SAP® ERP) und vermeiden bilaterale Vereinbarungen zwischen Unternehmen (z. B. für den Datenaustausch) (vgl. auch Krcmar 2005, S. 223 f.). Darüber hinaus wird die Durchgängigkeit der IT-Infrastruktur verbessert (vgl. Buchta et al. 2004, S. 152), da weniger Schnittstellen und Systemübergänge zu versorgen sind.

Einführung und Durchsetzung von IT-Standards   Die Einführung und Durchsetzung von IT-Standards gestaltet sich in vielen Fällen schwierig, weil sowohl von Mitarbeitern der IT, also auch von Mitarbeitern der medizinischen und nichtmedizinischen Fachabteilungen Widerstände zu erwarten sind. Generell stehen mehrere Möglichkeiten zur Verfügung (vgl. Abb. 5.3).

Der Verzicht auf die Festlegung von Standards verursacht naturgemäß wenig Widerstände, führt ab zum Verzicht auf Kostenvorteile. Insbesondere die Gefahr dezentraler Insellösungen verursacht potenziell hohe Komplexitätskosten. Häufig werden IT-Standards als Empfehlung im Unternehmen kommuniziert. Der Erfolg der Nutzung hängt stark von der Überzeugungskraft der beteiligten Personen und der Qualität der Standardisierungsvorschläge ab. Es besteht jedoch die Gefahr, dass unangenehmen Standards ausgewichen wird. Daher werden Standards auch nach intensiver Diskussion und Abstimmung mit betroffenen Organisationseinheiten durch breit besetzte Gremien wie ein IT-Standardisierungsboard als obligatorisch festgeschrieben (vgl. Abb. 5.4).

Das Informationsmanagement (CIO) organisiert die Arbeit des Standardisierungsboards, welches aus relevanten Vertretern der Nutzer auf Managementebene zusammengesetzt ist. Hierbei ist im Krankhauswesen darauf zu achten, dass alle Beschäftigtengruppen (medizinisches und nichtmedizinisches Personal, Verwaltung) vertreten sind.

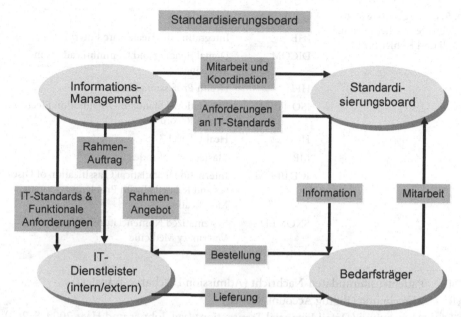

Abb. 5.4 Standardisierungsboard. (Gadatsch, A.: IT-Controlling, Wiesbaden, 2012)

Das Board verdichtet die Anforderungen der Bedarfsträger (z. B. der Ärzte und Pfleger) und formuliert Anforderungen an IT-Standards. Diese werden im Auftrag des Informationsmanagements durch die IT-Dienstleister (intern oder extern) realisiert. IT-Dienstleister verpflichten sich gegenüber dem Informationsmanagement im Rahmen eines Vertrages IT-Standards zu entwickeln und später bereitzustellen. Der Bedarfsträger bestellt nach Realisierung und Verfügbarkeit der IT-Leistungen aus dem vom IT-Dienstleister bereitgestellten Angebot. Hierdurch existiert für alle Beteiligten ein verbindlicher Rahmen. Das Unternehmen kann Kostenvorteile aus der Standardisierung ausschöpfen. Aber auch hier bestehen die latente Gefahr der Überregulierung und ein Anreiz für die betroffenen Organisationseinheiten über intelligente Ausweichmaßnahmen nachzudenken.

5.2.4 Überblick über Standards im Gesundheitswesen

Im Gesundheitswesen haben sich aufgrund verschiedener Ursachen zahlreiche spezialisiert Standards etabliert. In der Tab. 5.1 wird eine Auswahl wichtiger Standards präsentiert und anschließend teilweise vorgestellt.

HL7 Health Level 7 HL7 ist ein Standard für den IT-gestützten Datenaustausch zwischen Organisationen im Gesundheitswesen. Der dient dem internen Austausch zwischen verschiedenen Systemen (z. B. KIS, LIS, RDS). Die Entwicklung des vergleichsweise alten Standards erfolgte bereits 1987 in den USA auf Basis eines objektorientierten Datenmodells. Verschiedene Nachrichtentypen stellen standardisierte Übertragungsformate bereit, z. B.:

Tab. 5.1 Ausgewählte Standards im Gesundheitswesen. (Heggli und Kohler 2011)

Standard	Bezeichnung
IHE	Integrating the Healthcare Enterprise
DICOM	Digital Imaging and Communications in Medicine
HPI	Health Professional Index
ISO TC-215	International Standard Organisation Electronic Health Record
HL7	Health Level 7
MPI	Master Patient Index
ICD10-GM	International Statistical Classification of Diseases and Related Health Problems (German Modification)
SNOMED	Systematized Nomenclature of Human and Veterinary Medicine

ADT   Patientenstammdaten-Nachricht (Admission Discharge Transfer)
BAR   Abrechnung (Billing Account Record)
DFT   Abrechnung (Detail Financial Transaction) (vgl. Johner und Haas 2009, S. 268).

Die Weiterentwicklung des HL7-Standards erfolgt mit Hilfe von Arbeitsgruppen. Hierzu wurde 2008 in Deutschland von verschiedenen Gruppierungen ein Interoperabilitätsforum gegründet, das auf regelmäßigen Treffen Fragen der Interoperabilität in der Kommunikation zwischen verschiedenen Anwendungen vorgestellt, Lösungsansätze eruiert und Aktivitäten vereinbart (vgl. HL7 Deutschland 2013).

DICOM Digital Imaging and Communications in Medicine DICOM ist ein offener Standard zum Austausch von medizinischen Informationen zwischen medizinisch-radiologischen Informationssystemen. Ein typisches Beispiel sind digitale Bilder (Röntgenbilder, CT- und MRT-Bilder). Sie werden mit Zusatzinformationen wie Segmentierungen, Oberflächendefinitionen u. a. zwischen heterogenen Systemen wie RIS und KIS ausgetauscht. Der Standardisierungsumfang umfasst ein Format zur Speicherung der Daten sowie ein Kommunikationsprotokoll für den Austausch (vgl. Heggli und Kohler 2011).

5.2.5   IT- Consumerization versus Standards

Zunehmend gerät das IT-Management unter Druck, wenn es IT-Standards im Bereich der für Endbenutzer sichtbaren Endgeräte (Personal Computer, Laptops, Mobilfunkgeräte) durchsetzen möchten. Der Grund hierfür ist ein gegenläufiger Trend, der als „Consumerization of IT" bezeichnet wird.

Die Informationstechnik wird zunehmend zum Bestandteil des allgemeinen Konsums der Bevölkerung. Private Verhaltensmuster werden auf die Arbeitswelt übertragen. Ein typischer Indikator hierfür ist der zunehmende Einsatz von Mobilfunktelefonen, welche die Rolle von mobilen multi-funktionalen Endgeräten (Smartphones) übernehmen und zahlreiche Vorgänge des privaten Lebens (Bestellungen bei Unternehmen, Abruf von Informationen, TV, Rundfunk, Zeitung, Reiseplanung, Banking …) unterstützen. Die Nutzer erwarten einen gleich hohen Komfort im Berufsleben am Arbeitsplatz wie sie es aus der privaten „digitalen Welt" kennen. Treiber dieser Entwicklung sind die digital Natives, also der Teil der Bevölkerung, der mit modernen IuK-Technologien aufgewachsen ist.

BYOD Häufig sind es auch Top-Führungskräfte wie Geschäftsführer und Vorstände, die neueste Endgeräte (z. B. einen Tablet-PC) mit in ihr Krankenhaus bringen und von der internen IT verlangen, dass sie mit diesem Gerät auf Unternehmensdaten zugreifen können. Hierdurch werden die IT-Verantwortlichen unter einen starken Druck gesetzt, auch private Endgeräte der Mitarbeiter in die Unternehmensinfrastruktur sicher einzubinden. Dieser Druck widerspricht den oben geschilderten Bemühungen um möglichst einheitliche, standardisierte Endgeräte. Unter dem Schlagwort „Bring your own device (BYOD)" wird dieser Sachverhalt verstärkt diskutiert. Die Unternehmen reagieren meist noch mit Zurückhaltung, weil ihnen die Entscheidungsmacht über die Geräte genommen wird (König 2011). Häufig wird den Mitarbeitern auf freiwilliger Basis ermöglicht, private Endgeräte in Abstimmung mit der IT-Abteilung zu nutzen.

Die Bewertung von BYOD-Konzepten kann unterschiedlich betrachtet werden. Aus Sicht der Mitarbeiter sprechend folgende Argumente dafür:

- Mitarbeiter kann vertraute Geräte und Software nutzen,
- Keine zusätzliche Einarbeitung nötig,
- Innovative Lösungen im Vergleich zum Standard-Geschäfts-PC möglich,
- Mehr persönliche Freiheit und Flexibilität.

Allerdings muss er auch einen zusätzlichen Aufwand in Betracht ziehen (Gerätepflege) und Verantwortung über-nehmen (z. B. für ordnungsgemäße Nutzung). Von Bedeutung ist, dass die Arbeit stark ins Privatleben eindringt. Der technische Support ist evtl. nicht auf dem gleichen Niveau wie bei standardisierten Geschäftsgeräten, so dass der Mitarbeiter sich u. U. stark in technische Details einarbeiten muss.

Aus Sicht des Unternehmens sprechen folgende Argumente für BYOD-Konzepte:

- Hohe Motivation der Mitarbeiter (vor allem bei „Digital Natives"),
- geringerer Schulungsaufwand,
- bessere Erreichbarkeit der Mitarbeiter,
- Sorgfältigere Pflege der Geräte (da Privatbesitz),
- geringerer Betreuungsaufwand durch Verlagerung auf Mitarbeiter.

Allerdings sprechen auch Gründe dagegen, die von Bedeutung sein können. Der interne Administrationsaufwand steigt durch die Gerätevielfalt (insb. Softwareverteilung, Virenschutz, Backups, Datenaustausch) erheblich an. Die Standardisierungsvorteile gehen verloren. Es sind komplexe Sicherheitsfragen zu lösen und auch steuerliche Aspekte zu berücksichtigen, da der Zuschuss zur Anschaffung sowie kostenlos bereitgestellte Software, Internetzugang u. a. als geldwerter Vorteil gelten können.

Im Krankenhaus sind über die o. g. allgemeinen Argumente noch folgende Aspekte zu berücksichtigen:

- erhöhte Anforderungen an Datenschutz (keine Patientendaten auf Privatgeräten),
- Gefahr von Ansteckungen wenn private Geräte in geschützten Bereichen (Station etc.) eingesetzt werden.

Aus diesem Grund dürfte „BYOD" im Gesundheitswesen noch viel mehr als in anderen Branchen auf vergleichsweise viele Skeptiker stoßen.

5.3 Simulation von Prozessen im Gesundheitswesen

Die Simulation kann zur Nachbildung von realen Prozessen in einem Modell um damit zu experimentieren genutzt werden. Auf der Grundlage der mit dem Modell erzielten Ergebnisse wird anschließend auf das Verhalten in der Realität geschlossen.

Im Rahmen der Simulation werden Prozesse von realen Systemen modellhaft nachgebildet und anhand der Modelle systematische Berechnungsexperimente durchgeführt und ausgewertet (vgl. Gehring 1996, S. 1). Die Ergebnisse der Simulationsexperimente werden anschließend auf das zugrunde liegende reale System (z. B. echte Untersuchungsprozesse oder Behandlungsprozesse im Krankenhaus) übertragen bzw. angewendet. Während der Simulation werden vorgegebene Werte von Eingangsgrößen in Ausgangsgrößen transformiert (vgl. Gehring 1996, S. 2.). Eingangsgrößen können hierbei variabel oder als vorgegebene Parameter auftreten. Die Beziehungen zwischen Ein- und Ausgangsgrößen werden durch das Simulationsmodell ausgedrückt.

Kurz gesagt, geht es bei der Simulation um den „Probebetrieb" der Organisation im Computer, ohne die Konsequenzen des Handelns unmittelbar tragen zu müssen. Wichtig ist, dass Simulation als Instrument zur qualitativen Verbesserung und Absicherung der Planung von Prozessen betrachtet wird. Die Simulation ist allerdings kein Ersatz für eine sorgfältige Analyse und Bewertung der in Frage kommenden Alternativen. Es ist keineswegs so, dass durch die Simulation automatisch entscheidungsreife Vorschläge erzeugt werden, die vom Anwender nur noch umgesetzt werden müssen. Die Simulation ist in erster Linie ein Hilfsmittel, um die Komplexität der Realität zu vereinfachen und den Blick für die wesentlichen Probleme freizubekommen. Die eigentliche Kreativität bei der Lösungsfindung verbleibt beim Anwender. Die Abb. 5.5 skizziert die funktionalen Zusammenhänge der Simulation. Die Realität (z. B. Planung der Operationssaalbelegung) wird in vereinfachter Form mit den für die Untersuchung relevanten Merkmalen (Kapazitäten, Bearbeitungszeiten u. a.) im Simulationsmodell abgebildet. Mit dem Modell werden ver-

Abb. 5.5 Schema der Simulation. (Gadatsch, A.: Grundkurs Geschäftsprozessmanagement, 7. Aufl., 2012)

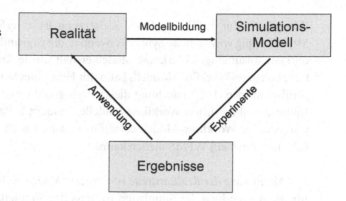

schiedene Versuche durchgeführt (z. B. unterschiedliche Anordnungen von Geräten, Kapazitäten). Die Ergebnisse werden analysiert und auf die Realität angewendet.

In vielen Organisationen machen Warte- und Liegezeiten einen hohen Anteil an der gesamten Durchlaufzeit aus. Betreffen die Wartezeiten das Personal (z. B. Arzt wartet auf einen Patienten) fallen hohe Kosten an, denen keine Erlöse gegenüberstehen. Muss der Patient warten, wirkt sich dies im geringsten Fall auf die Zufriedenheit des Patienten mit dem Behandlungsablauf aus. Hier könnte möglicherweise eine Simulationsuntersuchung weiterhelfen. Eine generelle Anwendungsmöglichkeit für den Einsatz der Simulation ist vorhanden, wenn in der Realität kein Experimentieren möglich ist. Dies kann z. B. sein, wenn in einem Krankenhaus eine Station umgebaut werden muss, was zu Betriebsunterbrechungen führen würde.

Simulations-Ziele Mit dem Einsatz der Simulation werden im Rahmen des Geschäfts-prozess-Managements drei Ziele verfolgt (vgl. Abb. 5.6). Während das erste Ziel, die Überprüfung der Ablauffähigkeit von Prozess-Modellen, ausschließlich der formalen Modellüberprüfung dient, erlauben die beiden anderen Ziele auch inhaltliche Aussagen über Prozess-Modelle. Sie schaffen damit unter anderem Grundlagen für betriebswirtschaftlich motivierte Auswahlentscheidungen über mögliche Prozessalternativen.

1. *Ziel Überprüfung der Ablauffähigkeit von Prozess-Modellen* Das erste Ziel betrifft die Überprüfung der Prozess-Modelle hinsichtlich der formalen Korrektheit und

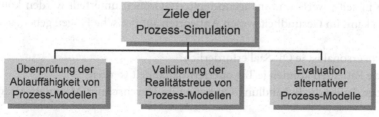

Abb. 5.6 Ziele der Prozess-Simulation

Konsistenz. Zur Erfüllung dieser Zielsetzung ist es erforderlich, dass die für die Modellierung vorgesehene Syntax verwendet, die zugrunde gelegte Semantik beachtet und ein ablauffähiges Workflow-Modell erstellt wurde. Die Überprüfung der Ablauffähigkeit eines Workflow-Modells kann mit Hilfe eines Simulationswerkzeuges durchgeführt werden. Die Erreichung dieses Ziels erlaubt noch keine Aussagen über den Inhalt der überprüften Workflow-Modelle, sondern lediglich über die Frage, ob das unter-suchte Workflow-Modell ablauffähig ist und auch als Grundlage für die Ausführung durch ein WFMS dienen kann.

2. *Ziel Validierung der Realitätstreue von Prozess-Modellen* Eine wichtige Voraussetzung für die Anwendung der Simulation ist, dass das Simulationsmodell die Wirklichkeit so abbildet, dass dieser Realitätsausschnitt für die Simulationsziele ausreichend widergespiegelt wird (vgl. Klügl 2006, S. 412). Das zweite Ziel betrifft daher die Klärung der fachlich-inhaltlichen Korrektheit, d. h. die Beantwortung der Frage, inwieweit ein Prozess-Modell die Realität angemessen abbildet. Im Gegensatz zum ersten Ziel wird der Inhalt eines Modells validiert. Unter Validität ist die Gültigkeit des Modells im Sinne einer Übereinstimmung mit dem untersuchten Realitätsausschnitt zu verstehen (vgl. Gehring 1996). Eine Möglichkeit zur Validierung eines Prozess-Modells besteht darin, dass die Ergebnisse der Simulationsexperimente auf der Grundlage eines Ist-Modells, wie z. B. Angaben zu mittleren Durchlaufzeiten, mittleren Kapazitätsauslastungen usw. mit unterschiedlichen Beobachtungen in der Realität verglichen werden. Zur Validierung eines Ist-Modells ist es daher erforderlich, über relevante Ist-Daten der Realität zu verfügen, die den Simulationsergebnissen des Ist-Modells gegenübergestellt werden können.

3. *Ziel Evaluation alternativer Prozess-Modelle* Das dritte Ziel besteht darin, Informationen für die qualitative Prozessverbesserung bereitzustellen. Es geht um die Klärung der Frage, inwieweit alternative Soll-Modelle geeignet sind, den Grad der Erreichung von Prozesszielen, wie z. B. Durchlaufzeiten, Kapazitätsauslastungen oder Prozesskosten, zu verbessern.

Analysegrößen Die Abb. 5.7 zeigt eine Strukturierung von Analysegrößen der Prozess-Simulation, die zur Beantwortung der zuvor aufgeführten Fragestellungen dienen. Demnach ist in ablaufbezogene und ressourcenbezogene Analysegrößen zu differenzieren, die wiederum in zeit-, wert- und mengenorientierte Größen unterteilt werden können. Die Simulation kann im Gesundheitswesen Antworten auf typische Fragen geben, wie z. B.

- Wie viel Personal ist je OP-Saal erforderlich?
- Wie viele Patienten können je Tag operiert/behandelt werden?
- Wie lange dauert die Behandlung/Operation im Durchschnitt/Minimal/Maximal?

Abb. 5.7 Analysegrößen der Simulation

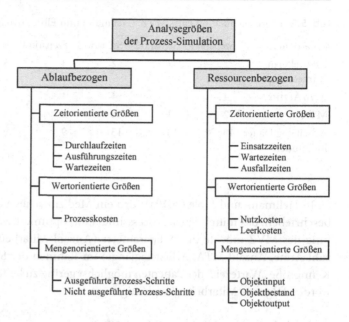

Mit der Hilfe von ablaufbezogenen Analysegrößen können im Rahmen eines Simulationslaufes erzeugte Instanzen hinsichtlich ihres Ablaufverhaltens ausgewertet werden. Die Durchlaufzeit einer Instanz (z. B. eine Operation) beschreibt die Dauer der Ausführung ab dem Beginn der Instanziierung der simulierten Instanz bis hin zur Beendigung des letzten Prozessschrittes. Die Durchlaufzeit ist häufig höher als die Ausführungszeit, weil z. B. infolge von nicht ausreichenden Ressourcen Wartezeiten entstehen können. Die Bewertung der Prozess-Ausführung mit Kostensätzen für die zeitliche Inanspruchnahme der Ressourcen ergibt die Prozesskosten für die Ausführung der Instanz.

Ressourcenbezogene Analysegrößen betrachten die im Rahmen der Simulation erzeugten Instanzen aus der Sicht der erforderlichen Ressourcen, d. h. im Wesentlichen der personellen Aktivitätsträger (Bearbeiter), aber auch der eingesetzten Computerressourcen (Programme). Einsatzzeiten und Wartezeiten geben Auskunft über die Auslastung der Ressourcen, die, mit den Prozesskostensätzen bewertet, die Nutz- bzw. Leerkosten ergeben. Ausfallzeiten entstehen durch ungeplante Nichteinsätze der Ressourcen (z. B. Krankheit, Verhinderung) und sind in die Leerkosten einzubeziehen. Die von den eingesetzten Ressourcen bearbeiteten bzw. noch zu bearbeitenden Objekte werden durch Objektgrößen beschrieben. Der Objektinput bezeichnet die für einen Simulationslauf generierten Instanzen, der Objektoutput die während der Simulationsdurchführung tatsächlich bearbeiteten Instanzen. Die nach Ende der Simulationsdurchführung noch in Bearbeitung befindlichen Objekte kennzeichnen den noch nicht bearbeiteten Arbeitsvorrat einer Ressource.

Die Simulation von Geschäftsprozessen im Gesundheitswesen ist derzeit nicht sehr weit verbreitet, die Nutzung von Simulationsmodellen dürfte eher noch die Ausnahme sein. Dennoch gibt es einzelne positive Anwendungsbeispiele.

Tab. 5.2 Prozesssimulation eines MVZ. (Hellmann und Elble 2010a)

Mitarbeiter	Szenario 1	Szenario 2	Szenario 3	Szenario 4	Szenario 5	Szenario 6	Szenario 7
Arzthelferin/ Anmeldung	2	2	2	3	3	4	4
Arzt/Ärztin	4	4	4	4	4	4	4
MTA	2	3	4	2	3	2	3
Arbeitstag Dauer in Stunden	13	13	13	9	9	9	9

In Hellmann und Elble (2010a) wird ein Medizinisches Versorgungszentrums (MVZ) beschrieben, das mittels einer Prozesssimulation optimiert wurde (vgl. Tab. 5.2). Die Leitung des MVZ möchte die Stellparameter (Anzahl Mitarbeiter in der Anmeldung, Anzahl Ärzte, Anzahl MTA, Arbeitstaglänge) im Rahmen der Simulation variieren, um die Kenngröße „Wartezeit" der Patienten möglichst gering zu halten. In der Ausgangssituation werden folgende Mitarbeiter beschäftigt:

- Arzthelferinnen in der Anmeldung: 2 Personen,
- Arzt/Ärztin: 4 Personen,
- MTA: 2 Personen,
- Arzthelferinnen in der Untersuchung: 4 Personen,
- Springer: 1 Person,
- Röntgenassistent: 1 Person,
- OP-Schwester: 1.

Die Simulationsuntersuchung zeigte, dass die Länge des Arbeitstages durch die Anzahl der Arbeitskräfte an Engpassstellen stark beeinflusst wird. Bereits eine Arbeitskraft mehr im Bereich der Anmeldung mehr konnte die tägliche Arbeitszeit des gesamten MVZ für die Behandlung von allen 132 Patienten um 4 Stunden senken.

5.4 Einsatz von Big Data im Gesundheitswesen

Unter Big Data wird die Echtzeitverarbeitung sehr großer Datenmengen für analytische Aufgaben verstanden. Neue Technologien und Methoden machen es möglich, bislang nicht genutzte Analyseaufgaben in kürzester Zeit durchzuführen (vgl. Gadatsch 2012b). Insbesondere Social Web Anwendungen wie Twitter, Facebook u. a. soziale Netzwerke erzeugen einen sehr großen Datenstrom, der für Big Data Analysen interessant ist. Da Big Data ein vergleichsweise neues Thema ist, steht die Umsetzung in den meisten Organisationen noch bevor.

Grundsätzlich steigen die Nutzungsmöglichkeiten für Big Data, wenn sich aus den Geschäftsprozessen ein hohes Datenvolumen unstrukturierter Daten extrahieren lässt und eine hohe Interaktivität der Analysen gefordert ist, d. h. Echtzeitanalysen gewünscht sind. Im Gesundheitswesen ist dies z. B. die Möglichkeit der Frühwarnung vor Epidemien, die Erkennung von unerwünschten Nebenwirkungen bereits zugelassener Medikamente (vgl. z. B. die Habilitation von Andersohn 2011) oder die Fernüberwachung von Patienten.

Ein typisches Beispiel für die Anwendung von Big Data ist die Auswertung von Tweets Grippewellen in den USA. Sie können mit einem speziellen Algorithmus Informationen zu Allergien, Schlaflosigkeit, Übergewicht und anderes aus Tweets extrahieren. Einzelne Tweets sind in diesem Kontext unwichtig, denn erst die Aggregation von Millionen von Tweets bringt das Wissen hervor (ZEIT 2012). Da Big Data noch am Anfang steht, ist mit weiteren Anwendungsbeispielen zu rechnen.

5.5 Nutzung von Cloud Computing im Gesundheitswesen

Aktuelle Studien zeigen, dass die externe Beschaffung (Outsourcing) von IT-Leistungen zunimmt (vgl. z. B. Gadatsch et al. 2013). Kaum ein Unternehmen kann alle IT-Leistungen vollständig intern bereitstellen. Die jüngste Entwicklung ist das Cloud-Computing. Hierunter ist die Bereitstellung von IT-Dienstleistungen über Netzwerke, speziell das Internet zu verstehen. Cloud-Computing ist eine neue Form der Bereitstellung von Informations- und Kommunikationsleistungen, die auch im Gesundheitswesen häufig diskutiert wird. Zahlreiche IT-Dienstleister stellen auch in diesem Marktsegment Angebote bereit. Beispielsweise bietet ein Unternehmen einen Dienst „Radiology as a Service" an, welches verschiedene Funktionalitäten für Radiologiepraxen als Cloud-Dienst bereitstellt (Management und Krankenhaus 2013).

Obwohl der Begriff noch nicht abschließend definiert worden ist, lassen sich folgende Attribute zuordnen: On-demand-Zugriff, Pay-per-use und Elasticy (Biebl 2012, S. 24).

- Zugriff ist „**On demand**": Der Kunde (Nutzer) kann weitgehend automatisiert IT-Ressourcen „buchen und kündigen". Die Bereitstellung und Kündigung der Services erfolgt im Idealfall ohne direkte Interaktion in sehr kurzer Zeit.
- **Pay-per-use**: Die IT-Services werden nach Nutzung abgerechnet. Fixkosten fallen in der Regel keine oder nur in vergleichsweise geringem Umfang an. Übliche Abrechnungsgrößen sind z. B. Datentransfervolumen oder Datenspeichervolumen. Der Nutzer kann die Berechnungsgrundlagen selbst nachvollziehen.
- *Elasticy*: Der Nutzer kann auf (scheinbar) unbegrenzte Ressourcen zurückgreifen, die Bereitstellung kann in kürzester Zeit dem Bedarf entsprechend vorgenommen werden. Diese Eigenschaft ist wichtig bei kurzfristig auftretenden Bedarfsspitzen, z. B. wenn große Datenmengen in kurzer Zeit analysiert werden müssen oder das Weihnachtsgeschäft zu einem erhöhten Daten- und Verarbeitungsvolumen führt.

Damit unterscheidet sich Cloud-Computing deutlich von klassischen Outsourcing-Modellen, die eher statisch geprägt sind. Klassische Outsourcing-Modelle erfordern langwierige Vertragsverhandlungen, haben längere Laufzeiten und sind häufig nur schwer für das Unternehmen umkehrbar, was zu einer vielfach unerwünschten Abhängigkeit vom IT-Dienstleister führt.

Cloud-Computing wird üblicherweise auf vier hierarchische Ebenen betrachtet: „Human as a Service", „Software as a Service", „Platform as a Service" und „Infrastructure as a Service".

Infrastructure as a Service Die unterste Ebene des „Infrastructure as a Service" stellt den Zugriff auf virtuelle Hardware bereit. Typische Beispiele sind die Services von Amazon zur Bereitstellung virtueller Server („Elastic Compute Cloud") oder die Bereitstellung von Massenspeicher durch Google („Cloud Storage"). Diese Services entbinden den Kunden davon, eigene Rechenzentren mit der notwendigen Sicherheitsinfrastruktur zu betreiben.

Platform as a Service Die darüber liegende Schicht richtet sich primär an Softwareentwickler. „Platform as a Service" stellt den Entwicklern vollständige Entwicklungsumgebungen bereit. Hierzu gehört z. B. das Angebot „Azure" von Microsoft, eine Plattform zur Erstellung von Cloud-Anwendungen.

Software as a Service Die bekannteste Schicht stellt „Software as a Service" dar. Hierunter sind Anwendungen zu verstehen, die sich primär an den Endanwender (privat oder geschäftlich) richten. Die Anzahl möglicher Beispiele ist enorm groß. Typische Anwendungen sind Email-Services (web.de), Suchdienste (google), Office-Lösungen (Microsoft 365) oder vollständige Enterprise-Resource-Planning Systeme (SAP Business ByDesign).

Human as a Service Die aus Anwendersicht weniger bekannte oberste Schicht des „Human as a Service" ist ein Ansatz des Crowd-Sourcing. Sie nutzt Cloud-Lösungen zur Übertragung von Aufgaben an menschliche Ressourcen. Als typisches Beispiel lässt sich der Amazon Service „Mechanical Turk" anführen, mit dem Mikroaufgaben an eine große Zahl von „Crowdworkern" verteilt und überwacht werden können.

Cloud-IT im Krankenhaus Der Aufbau und Betrieb sicherer Rechenzentren stellt für Krankenhäuser u. U. einen hohen Aufwand dar, der nicht zu den Kernprozessen gehört. Daher werden auch Cloud-Bereitstellungskonzepte als Lösungsansatz diskutiert. Für Krankenhausinformationssysteme (KIS) gelten besonders strenge Datenschutzanforderungen, u. a. die Verschwiegenheitspflicht nach § 203 StGB, was insbesondere für Unternehmen, die der deutschen Rechtsprechung unterliegen ein Wettbewerbsvorteil darstellt (vgl. Reichardt 2013).

Cloud-Architekturen Die Organisation von Cloud-Architekturen wird üblicherweise mit den Kategorien „Private Cloud", „Public Cloud" und „Hybrid Cloud" beschrieben.

- Bei der „Private Cloud" gehören Anbieter (z. B. interne IT-Abteilung) und Nutzer (Abteilungen eines Krankenhaues) zur gleichen Benutzerorganisation. Die Hauptmotivation für dieses Konzept ist der Sicherheitsaspekt: Die Kontrolle der Daten verbleibt vollständig beim Nutzer. Allerdings erfordert eine private Cloud hohe Investitionen in Hardware, Software und Personal.
- Die „Public Cloud" ist der Standardfall für Cloud-Computing. Anbieter und Nutzer gehören zu unterschiedlichen Benutzerorganisationen. Der Zugang zur Cloud erfolgt häufig durch ein internetbasierte Portal. Die Nutzung setzt einen Vertrag zwischen den Parteien voraus, der typischerweise online geschlossen wird.
- Unter Hybrid Clouds werden Mischformen verstanden. Ein typisches Anwendungsszenario ist die Bereitstellung von Ressourcen für Lastspitzen durch einen Anbieter aus der externen Public Cloud.

Für das Gesundheitswesen dürften wegen der besonderen Datenschutzanforderungen generell eher Private Cloud Lösungen in Betracht kommen.

5.6 Wiederholungsfragen

- Erläutern Sie den Begriff „IT-Governance" im Gesundheitswesen.
- Erläutern Sie die Bedeutung von IT-Standards im Gesundheitswesen.
- Skizzieren Sie Einsatzmöglichkeiten und Nutzeffekte der Simulation im Gesundheitswesen.

Literatur

Amelung, V.; Wolf, S.; Turina, B.: Medical-Apps auf dem Vormarsch. Chance für eine effizientere und effektivere Gesundheitsversorgung. KU spezial IT im Krankenhaus. 8–11 (2013)

Andersohn, F.: Identifizierung unerwünschter Arzneimittelwirkungen nach Marktzulassung, Habilitationsschrift. Berlin. http://www.diss.fu-berlin.de/diss/receive/FUDISS_thesis_000000022410 (2011)

Baun, C.; Kunze, M.; Nimis, J.; Tai, S.: Cloud-Computing. Berlin et al. S. 27 ff. (2010)

Behrendt, I.: Klinische Informationssysteme im Krankenhausmanagement: Eine neue Sicht auf die Entwicklung und die Einführung innovativer KIS. In: Behrend, I.; König, H.-J.; Krystek, U: Zukunftsorientierter Wandel im Krankenhausmanagement. Berlin (2009)

Biebl, J.: Wofür steht Cloud-Computing eigentlich? Wirtschaftsinformatik. Manage. 01, 24 (2012)

Buchta, D.; Eul, M.; Schulte-Croonenberg, H.: Strategisches IT-Management. Wiesbaden (2004)

Dielmann-v. Berg, J.: Die Klinik-Webcam zeigt: dem Baby geht's gut. http://www.aerztezeitung.de/praxis_wirtschaft/klinikmanagement/article/674922/klinik-webcam-zeigt-baby-gehts.html, Zugegriffen: 20. Nov. 2011

Gadatsch, A.: IT-Controlling und Service Level Agreements – Nutzen im Unternehmensalltag. Wissen. Heute, **57** (7):391–398 (2004)

Gadatsch, A.: Big Data: Begriff und betriebswirtschaftliche Auswirkungen. WISU, Das Wirtschaftsstudium. **12**: 1615–1621 (2012b)

Gadatsch, A.; Juszczak, J.; Kütz, M.: Ergebnisse der 4. Umfrage zum Stand des IT-Controlling im deutschsprachigen Raum. in: Schriftenreihe des Fachbereiches Wirtschaft Sankt Augustin. Hochschule Bonn-Rhein-Sieg, Sankt Augustin (2013)

Gehring, H.: Betriebliche Anwendungssysteme, Kurseinheit 1, Integrierte betriebliche Informationsverarbeitung. FernUniversität Hagen, Hagen (1996)

Heggli, B.; Kohler, C.: Liste der verfügbaren Standards und Codes. e-health suisse, eHealth in der Praxis, o, O. S. 33–34 (2011)

Hellmann, W.; Elble, S. (Hrsg.): Ambulante und Sektoren übergreifende Behandlungspfade. Berlin (2010a)

HL7 Deutschland e. V.: Interoperabilitätsforum, WIKI. http://wiki.hl7.de/index.php/Hauptseite. Zugegriffen: 11 März 2013

Janssen, H.; Meisen, T.: Zukunftsorientierte Ausgestaltung der IT-Strategie im Krankenhaus. Krankenhaus-IT. **2**: 30–31 (2013)

Johner, C.; Haas, P. (Hrsg.): Praxishandbuch IT im Gesundheitswesen. München S. 268 (2009)

Köbler, F.; Fähling, J.; Krcmar, H.; Leimeister, J. M.: IT-Governance und IT-Entscheidertypen in deutschen Krankenhäusern. WIRTSCHAFTSINFORMATIK. **52** (6):353–365 (2010)

König, A.: 80 Prozent gegen iPad & Co., 7 Tipps für Privat-IT am Arbeitsplatz. www.cio.de. Zugegriffen: 17 Nov. 2011

Klügl, F.: Multiagentensimulation. Informatik. Spektrum. **29** (6):412–415 (2006)

Krcmar, H.: Informationsmanagement, 4. Aufl. Berlin (2005)

Leimeister, J.M.; Krcmar, H.; Horsch, A.; Kuhn, K.: Mobile Systeme für Patienten. Praxis. Wirtschaftsinformatik. HMD. **244**:74–85 (2005)

Management und Krankenhaus (Hrsg.): Wirtschaftliches RIS aus der Steckdose. Manage. Krankenhaus. S. 18 (2013)

Prinz, A..; Leimeister, J.M.: Mobile Systeme im Gesundheitswesen, NFC-basiertes Electronic Data Capturing. Praxis. Wirtschaftsinformatik. HMD. **286**:73–82 (2012)

Reichardt, J.: Krankenhausinformationssysteme in der Wolke: AMC und Telekom bringen Krankhäuser in die sichere Cloud. Krankenhaus. 4:448 (2013)

Schlegel, H. (Hrsg.): Steuerung der IT im Klinikmanagement. Wiesbaden, (2010)

ZEIT: BIG Data - Twitter wird zum Fieberthermometer der Gesellschaft. (2012). http://www.zeit.de/digital/internet/2012-04/twitter-krankheiten-nowcast. Zugegriffen: 3. April 2012

Anhang

Abkürzungsverzeichnis mit Glossar

Tab. 1 Verzeichnis wichtiger Abkürzungen mit integriertem Glossar

Abkürzung/ Begriff	Langform	Erläuterung
BPM	Business Process Management	Geschäftsprozessmanagement, Methode zur permanenten Restrukturierung, Steuerung und Überwachung von Prozessen
BPM-System	Business Process Management-System	Software zur Modellierung, Simulation, Ausführung, Monitoring und Analyse von Geschäftsprozessen (➔ WFMS)
DMS	Dokumentenmanagement-System	Standardsoftware für das Management von Dokumenten (Erfassen, Speichern, Strukturieren, Bereitstellen)
DRG	Diagnostik Related Groups	Standardpreissystem für Krankenhäuser
EPA	Elektronische Patientenakte	
ERP	Enterprise Resource Planning	Bezeichnung für eine Unternehmenssoftware, die alle zentralen Prozesse unterstützt. Vergleichbar mit dem Begriff des ➔ KIS im Krankenhaus
GPM	Geschäftsprozessmanagement	Gesamtheit aller Maßnahmen zur Steuerung und Verbesserung der Unternehmensprozesse
IHE	Integrating Healthcare Enterprise	Standard zur Softwareintegration, Infos unter http://www.ihe.net
KIS	Krankenhaus-Informationssystem	Standardsoftware für die Unterstützung der in einem Krankenhaus anfallenden Geschäftsprozesse
LIS	Labor Informationssystem	Standardsoftware für die Unterstützung der in einem Labor anfallenden Geschäftsprozesse
MPI	Master Patienten Index	übergeordneter Patientenschlüssel über Krankenhäuser, Arztpraxen hinweg

A. Gadatsch, *IT-gestütztes Prozessmanagement im Gesundheitswesen*,
DOI 10.1007/978-3-658-01166-6, © Springer Fachmedien Wiesbaden 2013

Tab. 1 (Fortsetzung)

Abkürzung/ Begriff	Langform	Erläuterung
Portal		Über das Internet oder Intranet mit einem Browser erreichbare Software, von der aus unterschiedliche Computerleistungen abgerufen werden können
UK	Universitätsklinik	
PACS	Picture Archiving and Communication System	Standardsoftware zur Erfassung, Strukturierung und Bereitstellung von medizinischen Bilddaten
RIS	Radiologisches Informationssystem	Standardsoftware für die Unterstützung der in der Radiologie anfallenden zentralen Geschäftsprozesse
TMC	Telemedizinisches Call-Center	
WFMS	Workflow-Management-System	Software zur Modellierung, Simulation, Ausführung, Monitoring und Analyse von Geschäftsprozessen (→ BPM-System)

Auswahl wichtiger Abkürzungen und Begriffe

Sachverzeichnis

A

Ablauffähigkeit, 99
Ablauforganisation, 23
Abrechnungs-App, 66
Absatz- und Produktionsplanung, 11
Agfa Healthcare, 85
Analyse, simulationsorientierte, 34
AOK, 80
   Hessen, 78
Apotheken-Informationssystem (APOIS), 84
Application Service Providing (ASP), 62
Äquivalenzprinzip, 3
Arbeitsablaufbeschreibung,, 48
Arbeitsplatz, mobiler, 92
ARIS, 52
Arztbrief, 4
Arztpraxis, 1
Arztpraxisinformationssystem
   (APIS), 22, 45, 84
ASAP®-Methode, 93
Aufbauorganisation, 23
Auftragsmanagement, 84
Auslagern, 20
Auslandspatient, 15

B

Bearbeitungsstatus, 72
Behandler, 51
Behandlung, 30
Behandlungs-Checkliste, 48
Behandlungspfad, 5
   klinischer, 50
Behandlungsqualität, 51
Behandlungsstandard, 48
Beschleunigen, 22

Bestellwesen, 84
Bettenpool, 20
Bilddatenarchivierungs- und Kommunikations-
   system, 66
BPM-Tool, 54
Bring your own device (BYOD), 97
Budgetierung, 2
Büroarbeitsplatz, 92
Business Process Diagramm (BPD), 46
Business Process Management, 5
Business Process Model and Notation
   (BPMN), 46
   BPMN 2.0, 46
   Deutschland, 46
   Schweiz, 46
Business Reengineering, 16, 18

C

Caritas, 5
Case Map, 48
Checklisten, 23
Chefarzt, 14
Chief Process Officer (CPO), 11, 12, 15, 35
Chip in der Pille, 67
Clinical Care Plan, 48
Clinical Path/Pathway, 48
Clinical Practice Guideline, 50
Clinical Process Management, 5
Cloud-Computing, 103
Computer Aided Software Engineering
   (CASE), 53
conhIT-Messe, V
Consumerization of IT, 96
Controlling, 30, 74
Crowd-Sourcing, 104

A. Gadatsch, *IT-gestütztes Prozessmanagement im Gesundheitswesen,*
DOI 10.1007/978-3-658-01166-6, © Springer Fachmedien Wiesbaden 2013